探究と対話を生む
中学 歴史
ウソ・ホント？
授業

河原和之 著

明治図書

　新聞（『朝日新聞』2022年12月21日）に踊る「**広島のソウルフード　中東と平和の架け橋**」「**原爆の日に式典参列　望みは同じ**」の題字。"子どもたちに伝えたい"と気持ちが高揚した。

　広島風お好み焼きの歴史を通して，戦後混乱期の広島の人々の思いとたくましさを知り，お好み焼きが，ヨルダンに広がっている事実から，ソウルフードが中東との平和の架け橋になったことを考える授業ができる。

　広島風お好み焼きのお店は，「みっちゃん」「れいちゃん」「いっちゃん」など，人の名前をもじった店舗名が多い。なぜだろう？　ヒントを与える。広島風お好み焼きは原爆を投下された混乱期から始まっている。原爆で亡くなった子どもの名前？　あまりにも悲しい。太平洋戦争や原爆により未亡人となった女性たちが生きていくために，自宅を改装して店を始めたケースが多いのがその理由のひとつ。また，離ればなれになった家族に，居場所をわかりやすくする意味もあったという説もある。いずれにしろ，**戦時下・戦後でもたくましく生きてきた女性の姿が，お好み焼きの店舗名に体現されている**。「店舗名に"そんな深い思い"があるとは！」と，一気に授業に向き合う子どもたちの姿が想像できる。

　歴史を紐解いてみよう。広島風お好み焼きの原点は，大正時代に大阪で誕生した「一銭焼き」だと言われている。水で溶いた小麦粉を薄く伸ばして焼き，その上にネギや粉がつおなどをのせ，駄菓子屋で販売されていた。広島風お好み焼きは，いろいろなトッピングをのせ「一銭洋食」を加工することで進化する。地理的条件や被爆後の混乱期から，この進化を紐解く。アメリカ占領下，食糧対策として小麦が供給されたことが大きい要因だ。海に面していたので，カキやエビなど海産物をトッピングした。価格の高かったネギの代わりに，安くてボリュームのあるキャベツをのせた。また，**戦後混乱期は，空腹の人が多く，腹持ちをよくするために焼きそばを加えた**。「知る」

ことから広島お好み焼きの「具」「ソバ」をいっそう味わえるだけでなく，愛おしくなる。

　広島風お好み焼きと「ヨルダン」との関係だ。2022年8月6日，「いっちゃん」の店を訪れたのは，広島平和式典に参列していたヨルダン駐日大使，リーナ・アンナーブだ。海鮮の入ったお好み焼きを食べると，「ヨルダンにいらっしゃいませんか？」と声をかけた。ヨルダンは中東にあり人口の9割以上がイスラム教徒である。店主は，豚ではなく鶏などを入れた，そばではなくパスタを上にのせるハラールお好み焼きを開発した。新聞によると，首都アンマンのショッピングモールの一角に臨時のお好み焼き屋をオープンすると，数時間で450人分が売れたそうだ。**広島風お好み焼きは，現地の文化や好みに合わせて広がっている。「ヒロシマ」の思いをのせて……。**

　店主は，広島の戦後復興はお好み焼きとの関係を語り，お好み焼きには「秘めた力」があるとする。何だろう？　子どもに考えさせたい。

　ヨルダン大使は，ヨルダン近隣の中東戦争に心を痛める。ヨルダンには200万人以上のパレスチナ難民が暮らす。また，シリア内戦では，60万人以上のシリア難民も受け入れた。「私たちは広島の人たちと同じことを望んでいる」と。「広島の人たちと同じこと」とは何か？　考えさせたい！

　「探究・対話」型授業のイメージが可視化されている。「みっちゃん」から始まった「広島お好み焼き」授業は，被爆後の社会を背景に，多様な視点から，中東における「排除」と「包摂」の課題へとつながる。

　この授業紹介後，学生からステキなコメントがあった。

　「お好み焼きをひっくり返すのは"戦争"から"平和"へと転換すること！」

　子どもたちが「意欲的」に学び，「学力差」のない「深い」感動を呼ぶ，そんな授業を目指したい。

2023年8月　河原和之

目次

おわりに

原則，１章内，「　」は子ども，『　』は教師の発言。２章内は，Ｓが子ども，Ｔが教師の発言をさす。

100万人が受けたい！

探究と対話を生む中学歴史授業デザイン

1章

探究と対話による歴史学習

1 はじめに

　「歴史＝暗記」のイメージがなかなか克服できない。歴史上の人物や出来事，年代を一夜づけで暗記し，試験が終わればすっかり忘れてしまう。期末懇談で，テストの成績が芳しくないと「社会科って覚えればいいんでしょう。なぜやらないの？」と叱責する保護者。「お母さんの言う通りだよ。頑張ればできるよ」と担任の教師。

　一方で，子どもの実態にそぐわない，「歴史＝探究」を固辞し授業を展開するケースも多々ある。歴史教育は，当時の史料・データから歴史的事実を確定し，時代の特質を「探究」する教科である。「探究」を重視するあまり，子どもの「学力差」や「興味・関心」を考慮しない授業も少なからずみられる。「探究」「対話」は，子どもたちが「考えたい」「一言言いたい」と思うテーマや発問，そして討議課題の設定が不可欠である。本章では，これまでの私の実践を紐解きながら，子どもの実態を踏まえ，「暗記」から「探究」「対話」型歴史学習へと転換する授業について提起する。

2 暗記歴史学習はやめよう　〜レーニンの授業〜

❶ 正答率100％のレーニン

　定期テストで正答率100％の問題がある。「1917年にロシア革命を行ったのは誰か」という問いである。答えは「レーニン」であるが，なぜ，すべての生徒が正答できたのだろう。その授業を紹介しよう。

　社会主義革命とは，資本家・労働者という階級をなくし，労働者を中心とする平等な社会を目指そうとするものである。「日本の資本家はロシア革命

を起こしたレーニンを漢字で『冷忍』と書いた」というエピソード（ネタ）がある。これを，紹介するだけでは，単なるエピソードで終わる。

❷ レーニンを漢字で書くと？

グループ討議

> 日本の資本家はレーニンを漢字でどう書いたのかな？

「冷人」「冷任」「冷仁」「礼人」「麗人」「霊仁」「冷神」

それぞれ理由を聞く。

「資本家を倒した冷たい人だから」

「レーニンは日本の資本家の敵であるロシアの資本家を倒してくれたからお礼を言いたい」

「冷たい人だが責任感のある人だから」

「幽霊にでもなってほしいほど腹の立つ人だから」など。

❸ 意味，意義や背景，原因，結果など見方・考え方を育成する

この学習課題は，テーマそのものが，意表をつき学習意欲をかきたてる内容である。また，「レーニン」を漢字で表現するためには，ロシア革命の歴史的意義を理解し，知識を整理し統合する「思考力」「判断力」が必要とされる。という意味では多様に出されてきた漢字の「レーニン」は，それぞれの子どもたちのレーニン像であり，社会主義像である。「1917年にレーニンによって社会主義革命が行われた」という単なる「暗記」ではなく，歴史的事象の意味や意義を考察する授業と言える。また，ロシア革命は，ヨーロッパ諸国での女性参政権獲得，日本における社会運動にも影響を与える。背景，原因，結果，事象相互のつながりに関わる視点など，歴史的な見方・考え方が育つ。知識は，歴史的事項の脈絡から，対話を通して習得させると定着率が高い。

3　文化学習にも脈絡を！　〜かな文字と活版印刷〜

❶　かな文字発明の意義と意味

　「歴史＝暗記」型授業の改善方法について，「レーニン」を事例に紹介した。文化学習ではどうだろう？　国風文化＝「かな文字」「源氏物語」，ルネサンスの三大発明＝「羅針盤」「活版印刷」「火薬」などの例である。

　「かな文字」は言うまでもなく「ひらがな」と「カタカナ」であるが，漢字だけでは不便なので誕生した。ひらがなとカタカナは「仮名」という言葉が表しているように，漢字に対して価値の劣る文字だった。ひらがなは，日本人特有の感情や感覚を表現するのに適し，日本独自の和歌が盛んになると多用されるようになる。紀貫之が「土佐日記」をひらがなで書いたのは，漢字を読めない女子や子どものための記録だったとも言われる。紫式部の「源氏物語」，清少納言の「枕草子」は，以上のような背景で書かれ，女性が文学の担い手となった。ひらがな発明の意義を実感させる。

「あいしてます」を「万葉がな」で書いてみよう

　いくつかの事例を紹介する。「阿以志手真須」より「あいしてます」の方が“熱い思い”が伝わり，「ひらがな」の効用が実感できる。

　一方，カタカナはお経を読むために平安時代末に大成されたが，外来語をカタカナで表すことが定着し，西洋文明を速やかに吸収することにも役立った。

❷　知識情報革命である活版印刷

　ルネサンス期の発明である「火薬」はその後の戦争に，「羅針盤」は新航路の発見に影響を与えたことで，その意義が強調される。「活版印刷機」は，1445年に金属加工の仕事をしていたドイツのグーテンベルクが発明した。活版印刷機の発明は，知識・情報革命と

言われる。それは，多くの人が，発明により本，雑誌，新聞を読み，メディアが発達し，政治に関心をもつようになり，のちの市民革命にも影響を与えたからである。これまで文字を読める人は国王，貴族や教会の聖職者であったが，文字を読める人が広がることで，聖職者の権威の低下につながった。1517年，ドイツのルターがドイツ語訳聖書を完成させるが，印刷機がなかったら翻訳はしていないだろう。グーテンベルクが印刷機を発明したのは，「聖書」の増刷のためとも言われる。

　イソップ物語，アンデルセン童話など文学作品はもちろん，音楽の楽譜も普及し，ルネサンス以降，バッハやモーツァルトなどの作曲家が誕生する。そして，「障がい者と健常者の境目」を側面的に取り除いたのも活版印刷機である。眼鏡は13世紀にイタリアで発明され「神が与えた人間の姿を冒涜する」との理由で“悪魔の道具”と言われ，眼鏡をかけている人は「障がい者」とされた。活版印刷の発明により，書物が普及し識字率もアップすると近眼が増加した。多くの人が，眼鏡を使用するようになると，眼鏡に対する偏見がなくなり，眼鏡をかけている人は視覚「障がい者」ではなくなった。「活版印刷機」は，宗教改革，市民革命に影響を与え，文学や音楽の発展にも寄与し，「障がい者」の概念を変えた。

　「国風文化＝かな文字」「ルネッサンスの発明＝活版印刷機」という「暗記」学習ではなく，時期，変化などの諸事象の推移，類似・差異・特色などの事象相互のつながりから「かな文字」「活版印刷」を学習すると，知識の定着だけではなく，歴史的な見方・考え方が育成される。

4　「探究」が陥る２つの罠　〜鎌倉幕府の滅亡〜

❶　鎌倉幕府滅亡の要因は元寇？

　鎌倉幕府滅亡の要因を元寇から分析する授業は多い。元寇による恩賞問題，御家人の出費の増加，生活の困窮に対して，徳政令を出すが，ますます御家人の生活が困窮し，幕府への不満が高まり，滅亡するという流れである。こ

の流れは非常にわかりやすい。「元寇」→「戦った御家人の出費」→「生活の困窮」→「御家人の不満」→「幕府の滅亡」という因果関係を「スモールステップ」で学ぶ流れである。この単純なわかりやすい流れに依拠した授業構成を行うことが1つ目の「罠」である。

幕府滅亡の要因は，分割相続による相続地の減少，貨幣経済の浸透による財政負担，元寇の恩賞問題や負担の増大等による。また，荘園経済体制から独立し，貨幣経済の発達より畿内で成長してきた東国の御家人とは一線を画す「悪党」（楠木正成など）の台頭である。

2つ目の「罠」は，以上のような難解な幕府滅亡の流れを「説明」する授業である（本事例は東京大学の入試問題に出題されている）。つまり，<u>単純化すると歴史学的に課題が残り，歴史学に依拠した授業を展開すると難解になり，机に「伏す」，教室からの「エスケープ」など"学びからの逃亡"が日常化してしまうのである。</u>

❷　幕府滅亡と貨幣経済

この二律背反の難題を解決するためには，幕府滅亡の要因に対するネタ（教材）の介在と，スモールステップの「問い」が不可欠である。以下の2点から，子どもの意見を挑発する。

「元寇で戦い，防衛のために石塁を築き，出費が増えたのは九州の御家人です。それだけでは幕府滅亡にはつながらないのでは？」

「1333年に鎌倉幕府が滅亡している。弘安の役は1281年であり，50年以上も経過している。当時の平均寿命から考えると，元寇にかかわった御家人はほとんど亡くなっている。元寇による恩賞問題以外に幕府滅亡の要因があるのでは？」

つまり，元寇による恩賞問題は，幕府滅亡の「遠因」であり，本質的な要因が他にあるのではないかという「揺さぶり」と，スモールステップの「問い」が不可欠だ。

『元寇は海外との戦いなので，恩賞である土地を与えることができない』

「北九州の武士の不満が全国に広がったのでは？」

『御家人は何を目的に将軍に奉公していたかな？』

「恩賞」「土地」

『土地がキーワードだね』

「徳政令が逆効果」

『具体的には？』

「御家人は商人からの信頼がなくなりお金が借りられなくなった」

『ところで，御家人の生活が苦しくなったのはなぜかな？』

「ほしいものがいっぱいあるから」

グループ討議

> （備前福岡の定期市を表した「一遍上人絵伝」（略）を示す）
> どんなものを販売しているのか？

「布を売っている」「手前の丸いのは何かな？」「壺では？」

「履物も販売している」「魚を売り歩いている人もいる」

「布も販売している」

＊米を升で量ったり，銭束と布をもって売買する男女がいる。新鮮な魚介類や特産物の備前焼のつぼや大がめ，履物なども売られている。経済が発展し，いろいろなものが販売されるようになり，武士をはじめ，人々がモノを購入するようになった。この絵から，貨幣経済の発達により，御家人が窮乏した要因を考える。言葉での説明では，貨幣経済の発達という抽象的な概念だけの習得になるが，絵図等を使い，イメージ豊かに学ぶことが大切だ。

❸ 幕府滅亡と惣領制

「幕府滅亡と"惣領制"」との関係を考える。このテーマは，スモールステップの「問い」と「クイズ」による授業構成により理解させる。

『当時の武士はどこに住んでいたかな？』

「農村」「土地が命」「恩賞は土地」

？クイズ

土地の獲得のために戦っている時代だったが，相続はどうなっていたのだろうか？　次から選ぼう。

ア　一族のトップの惣領がすべて相続する

イ　惣領とそれ以外の男子の庶子が相続する

ウ　惣領とそれ以外の男子の庶子と女子も相続する

答えは「ウ」である。鎌倉時代の武士は，土着した土地に館を構え農業に従事していた。惣領は，一族の土地を独り占めすることなく，庶子（分家の惣領）や女子にも分け与えていた。つまり分割相続が行われていたのである。しかし，時代の変遷とともに，分家の数は増え，戦いで戦功をあげなければ必然的に所領は減少していく。

鎌倉幕府滅亡の授業は，「なぜか」「それはどうなるのか」「それはどのような意味があるのか」「どのような変化や継続が見えるか」等の「思考力」「判断力」を身につけることを意識しつつ，社会史，政治史と経済史を関連づけながら多面的・多角的に考察したい。

5　「探究」「対話」型授業　〜アメリカ来航への危機管理〜

ペリーが日本に来航したねらいやその背景，また，日本の役人の巧妙外交によって，日本が植民地化を回避できた要因を考える授業である。

❶　ペリーの日本来航

グループに１枚の世界白地図を渡し，ペリーが日本にやって来た経路を書かせ，黒板に貼る（ロイロノートを使うことも可能である）。

多くは，西海岸から太平洋を渡り日本に来る経路を書いている。

実際の経路を示す。

どうして遠回りして，大西洋からアフリカ南端を経由しているのか。

「燃料がないから，途中で補給しないといけない」

「アフリカに興味があったから」

「中国のいろんな都市に寄港している」「那覇にも寄港している」

ペリーは，江戸，那覇，香港間を1853年から1854年にかけて数回往復している。ここからペリー来航の目的を考える。念頭にあったのは「中国」だ。後発帝国主義国のアメリカは，アヘン戦争で清に勝利し，租借地を取得していたイギリスの動向に注目していた。このことをスモールステップの問いから考える。

日本には，燃料や水，食料の補給を要求している。なぜか？

いきなり『クジラは何のために必要だったのかな』と問う。

クジラの油は灯油や潤滑油，ヒゲは傘の骨やコルセット，腸でつくられる物質は薬品や香水に使われていた。

1854年に日米和親条約が締結され，幕府は食料・薪・水などの補給と漂流民の保護にかぎり開国し，「下田」と「函館」の2港を開く。ここで考えさせたいのは開港地である。

アメリカはこの2港の開港を要求したのだろうか？

アメリカは「横浜」を要求したが，幕府側は江戸に近すぎるという理由でこれを拒否，交渉の中で「下田」「函館」で妥協した。「横浜」開港を拒否したのは，敵艦が来襲した場合，横浜は至近距離にあり，江戸を防御できない

と懸念したからである。防衛上「江戸」の近くの開港を回避した日本の役人の奮闘ぶりについては確認したい。

　ペリー来航の「経路」から，欧米諸国のアジアへの進出などの複雑な国際情勢の中でのアメリカの意図を明らかにする。時期，年代など時系列にかかわる視点や，背景，原因，結果，影響など事象相互のつながりから，世界の歴史を背景に理解する。

❷　ハリスと日米修好通商条約

　1856年，貿易を目的にハリスが下田に来航する。1858年「日米修好通商条約」の資料（一部）を提示する。

第3条：箱館に加え，以下の港（神奈川，長崎，新潟，兵庫）を開港・開市する。

第4条：すべて日本に対する輸出入の品々には，別冊の貿易章程のとおり，日本の役所へ関税を納めること。

第6条：日本人に対し犯罪を犯した米国人は，領事裁判所にて米国法に従って裁かれる。アメリカ人に対して犯罪を犯した日本人は，日本の法律によって裁かれる。

第7条：開港地において，米国人は以下の範囲で外出できる。兵庫：京都から10里以内に入ってはならない。他の方向へは10里。

😊 グループ討議

　この条約は，日本とアメリカが貿易をはじめるための条約だが，不平等条約と言われている。不平等な点を挙げよう。

　また，アメリカの要求に対して，日本が頑張った点は何だろうか？

不平等な点は，４条の「関税自主権なし」６条の「治外法権」を指摘する
グループが多い。以下の説明をする。

　「不平等」である４条だが，当時の世界情勢からすると，「関税自主権」が
ないことは通例である。また６条の「治外法権」については，江戸時代の
「刑法」もなく，「行政」と「司法」が分立されず"お白洲"で裁判が行われ
る状況では，仕方のないことである。

＊1894年，陸奥宗光によって「治外法権撤廃」がされたのは，1889年に大日
　本帝国憲法が制定されたことが大きい。また1998年には民法，1907年には
　刑法が公布されている。近代法治国家の基礎が確立されたことが「不平等
　条約」撤廃の主たる要因だろう。

〈頑張ったところ〉
　「弱腰だったのでは？」「アメリカは他の港も開港したかったのでは？」
　「どこ？」「江戸とか大坂？」
　「確かに大坂は天下の台所だからモノも買ったり売ったりできる」
　「京都は？」「ある意味，日本の中心だし開市したかったのでは？」
　「京都には天皇もいるからヤバくない？」
　「暗殺されたら大戦争になる」「これは頑張ったのでは？」
　「だから10里以内には入ってはいけないとなっている」
　「でも，和親条約では横浜を開港してほしいとの要求を下田にしたのに神
奈川になっている」
　「これはおかしい」

＊ハリスが求めたのは，大坂・京都・平戸・品川・九州の炭坑付近等の開
　市・開港であり，ハリスの意図に商業上の目的があることは明白である。
　日本が譲れなったのは京都と外国人の国内における自由往来である。当時
　の役人である岩瀬忠震の考えは以下のようである。
　　・大坂は都に近く避けたほうがよい。しかも外国貿易の利益が大坂一ヵ所
　　　に集まっては，江戸をはじめ全国各地の経済が立ち行かなくなる。
　　・横浜をロンドンに劣らぬ一大貿易港へ発展させ，全世界の富を横浜，江

戸へ集中し商都大坂に代わる新たな経済圏を設け，世界に冠たる貿易立国を目指す。

　つまり，下田から横浜に開港地を変更したのは日本の戦略であった。

　アメリカの自由な旅行，つまり，全国各地での商売を認めなかったのはなぜか？

「日本各地で生産される品物がすべてアメリカに安く輸入されてしまう」
「各地でトラブルが起こり，それが原因で戦争になる」

『両方とも正解です。自由な旅行を認めると，アメリカの商品が全国各地に広がっていきますね。そうなると，日本経済が壊滅状態になります。日本の国を守るためにも，当時の役人はこのことは認めませんでした』

「へっ！　けっこうやるんだ」

　東アジア諸国が列強に侵略される時代，日本は独立を維持する。危機を救った第一歩が「開国」に対する対応だ。国家存続のカギは，「現実」を見据えた「柔軟性」である。「前の時代とどのように変わったのか」「なぜ，起こったか」「どのような影響を及ぼしたか」「なぜそのような判断をしたのか」など歴史的な見方・考え方を培うことが大切だ。

6 おわりに

　2025年1月に行う大学入学共通テストの試作問題が発表された。生徒同士の対話や，主体的に課題解決を目指す探究型授業を素材とする設問が多い。未来予測不可能な時代にあって，教師が一方的に教える授業では，先行き不透明な社会を生きる力を育成できない。知識はもちろん，思考力や判断力，表現力を身につけ，対話により多様な意見を相対化し，問題を解決する授業が広がる。本章では，過去の拙書で紹介した事例も含めた題材を，「探究」と「対話」を重視する方向へとアレンジした事例を紹介した。

　歴史は愉しいものであり，暗記物で無味乾燥で眠い授業は論外である。歴史的な見方・考え方である背景，原因，結果，影響などの事象相互のつながりなどを探究することは大切なことだが，子どもたちが思考停止に陥らない工夫が不可欠である。そのためには，導入部だけでなく，スモールステップの展開部においても，子どもたちが意欲的に向き合う「ネタ」（題材）や「問い」が必要である。次章以降は，以上の視点を踏まえ，子どもの側からつくる「探究」「対話」型授業を紹介する。

【参考文献】

・河原和之『100万人が受けたい「中学歴史」ウソ・ホント？授業』（明治図書）2012年

・河原和之『続・100万人が受けたい「中学歴史」ウソ・ホント？授業』（明治図書）2017年

・河原和之『100万人が受けたい！　見方・考え方を鍛える「中学歴史」　大人もハマる授業ネタ』（明治図書）2019年

・池内了監修／造事務所編著『30の発明から読む日本史』（日本経済新聞出版）2018年

・相澤理『歴史が面白くなる　東大のディープな日本史』（中経出版）2012年

・犬塚孝明『NHKさかのぼり日本史　独立を守った"現実外交"　なぜ，植民地化を免れることができたのか』（NHK出版）2012年

100万人が受けたい！

探究と対話を生む中学歴史授業モデル

2章

気候変動に対応した人類の祖先

1 100万人が受けたくなる！　ウソ・ホント？　授業のねらい

　約700万年前，この地球に人類が現れ，人類は，かなり長い間，狩猟・採集・漁撈の生活を営んでいた。しかし，約260万年前から氷河期に入り，寒い時期（氷期）と暖かな時期（間氷期）を繰り返した。人類はこの激しい時期を生き抜くための術を身につけ厳しい状況に対応し，どのように生活を変化させてきたのだろうか？

2 学びを深める！　教材研究の切り口

　歴史の最初の授業である。歴史＝暗記というイメージを払拭したい。「歴史家になったように思考する」という授業論がある。まだまだ通説が変化する時代であり，子どもたちに「暗記のいらない」歴史学習を体験させたい。

3 対話を引き出す！　探究的な授業展開プラン

❶　人類の誕生

　黒板に数直線を書く。左端が地球の誕生，右端は現在。３人指名する。

> 💡 **発問**
>
> 　それぞれの事項は，長い地球の歴史の中で，どのあたりなのか印をつけよう（一年にたとえた数直線上に書く）。
> 　ア　はじめの生物が誕生／イ　恐竜が栄えていた／ウ　人間の誕生

答え：ア　2月25日／イ　12月25日／ウ　12月31日 AM10：40

地球上に人間が誕生したのは，地球の長い歴史から考えると，最近であることを確認する。

? クイズ

人間はサルから進化した。動物園のサルはいつ人間になるのか？

ア　絶対に人間になれない

イ　訓練で何世代後には人間になる

ウ　何万年後には人間になる

アに意見は集中する。しかし理由は説明できない。もとは人間もサルも同じだったが，サルに進化した方はサルへ，人間に進化した方は人間へと進化をとげた。

❷　直立歩行と火の発見

1923年，北京の周口店で約40人分の人骨が発見された。この人類はすでに直立歩行で，火を使っていたとされている。

💡 発問

このAとB，2つのちがいは何か？　比較してみよう。

A

B
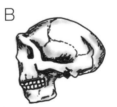

S：Aは，あごが大きい。　　S：Bは今の人間に近い。

S：Bの方が脳が大きい。

T：時代が古いのはAとBどちらか？

S：Aの方が古い。　　S：形が古そう（笑）

Ｔ：正解はＢです。Ｂの方が脳が発達しています。脳が発達したのは，直立歩行も一つの要因です。直立歩行によるメリットは？

Ｓ：遠くがみえる。　　Ｓ：足腰が発達する。　　Ｓ：手が自由になる。

Ｔ：手が自由になることによって？

Ｓ：道具が使える。　　Ｓ：字が書ける。

Ｔ：脳の発達との関係は？

Ｓ：いろいろなものがみえるから脳が発達する。

Ｓ：道具を使うから脳も発達する。

Ｔ：身体全体で重い脳を支えることができるので脳の発達を促します。

😃 考えよう

　　ＡとＢでは，あごの大きさが異なる。どうしてＢの方のあごが小さくなったのだろう。

Ｓ：現代人と変わらない。　　Ｓ：火の発見？

Ｔ：火の発見とあごの発達とはどういう関係にあるのか？

Ｓ：火を使い食べ物を焼くから柔らかくなる。

Ｓ：あまり嚙まなくていいから，あごが発達しない。

😵 グループ討議

　　火の発見のメリットを考えよう。

Ｓ：動物から身を守れる。　　Ｓ：夜の生活ができる。

Ｓ：食べ物が調理しやすくなる。

Ｓ：夜に外出できる。

Ｓ：家族団らんができる。

Ｓ：いろいろなものを加工
　　しやすい。

　　直立歩行と火の発見により，人々は働けるようにな

り，人間は活気をもち，健康になった。生活は以前より楽になり楽しむこともできるようになった。そして，人間は言葉を覚えた。

❸ 狩猟・採集・漁撈生活の時代

　人類が発生してから約700万年間，狩猟・採集・漁撈生活が行われていた。

😛 ペアワーク

　狩猟・採集・漁撈生活が可能だった理由について交流しよう。

S：動物が多くいる。　　　S：草木が永遠に採集できる。

S：農業と比べて楽に食料がゲットできる。

S：人口が少なく獲物がいっぱいいる。

😊 グループ討議

　約7万年前から地球はゆっくりと寒冷化に向かっていく。こうなるとどうなるか？

S：採集できるものが少なくなる。　　　S：死んじゃう動物も増える。

S：水温も冷たくなり魚の種類に変化が出る。

❹ 人類を襲う気候変動

　今から約1万2千年〜1万年前にかけて，数百年という短い周期で，寒暖の変化が続く。人類が経験した最終氷期は，約7万年前から，ゆっくりと進行し，2万3千年前に最寒気をむかえる。その後，数百年という短い周期で「寒の戻り」と「温暖な気候」が連読してやってくる。

😊 考えよう

　短い周期で，寒暖が繰り返されると，狩猟・採集・漁撈生活はどう変化するか？

S：変化しすぎると対応するのが大変。

S：衣服も変化させないといけない。

S：食べるものが変わる。　　S：道具も役立たなくなる。

T：大局に立って考えると，温暖化によって人口はどうなるかな？

S：食べるものが豊富で人口が増える。

T：それでは，寒くなると？

S：食料が足りなくなる。

T：つまり飢饉になるわけだ。

S：食料の取り合いもあり争いが起こる。

T：そして，私たちの祖先は“生産革命”と言われる大革命を決意します。

S：農業だ。

T：これまでも一時的に農耕をしていましたが，完全移行を決意します。

❺　農耕と牧畜のはじまり

　世界で最初の農耕社会がはじまったのは，シリア近辺の東地中海沿岸地域
だとされている。農耕が定着すれば，狩りと漁の生活には戻れない。なぜな
ら，農耕は，圧倒的に生産性が高く，狩りと漁だけでは，増加した人口を支
えきれないからである。

😊 考えよう

　農耕を行うために必要になることは何か？

S：土地。　　S：水。　　S：道具も必要では？

T：打製石器では稲狩りできないよね。

S：磨製石器だ。　　S：肥料は？　　S：まだ無理では？

T：害虫に食われたりして生育しないこともあるよね。

S：台風など災害に対する対応も必要だ。

S：水の管理などがあるから，多くの人が集まって住むようになる。

T：人々は集住するようになり，村がつくられていく。

S：土地を耕すために鍬も必要では？

S：鉄じゃなくて木でつくっていたのでは？

T：鉄器はまだつくられていません。

S：農耕には牛馬が必要では？

S：モノを運んだり土地を耕すことにも利用できる。

S：へっ！　農耕っていろいろ必要なんだ。

T：調理するためには土器も必要だよね。

S：なるほど！　そういうことなんだ。

4 授業のふり返りと探究・対話のポイント

　穀物の刈り取り作業には効率のいい磨製石器が不可欠だった。これを調理・運搬する必要から土器を生み出す。農耕の効率化，定住生活の安定のために，牛，馬，豚などの家畜化がはじまり，それが専門化され牧畜が行われる。そして，農耕に不可欠な協働作業により集落が生まれ，都市が発生する。

【参考文献】
・河原和之『続・100万人が受けたい「中学歴史」ウソ・ホント？授業』（明治図書）2017年
・神野正史『暗記がいらない世界史の教科書』（PHP研究所）2019年

貨幣・文字の統一

1 100万人が受けたくなる！ ウソ・ホント？ 授業のねらい

　興味をもちにくいとされる中国史。エピソードと歌で楽しく基礎知識を身につける。また，春秋・戦国時代という戦乱の時代から秦を建国し，貨幣や文字，物差しやはかりなどを統一した始皇帝の政策の意義を考える。

2 学びを深める！ 教材研究の切り口

　紀元前３世紀に中国を統一した秦はわずか15年で滅んでしまう。その間に各地に長城を修築，貨幣や文字，物差しやはかりを統一する。それぞれの統一の意味って何だろう？　そこからはじまった教材研究である。

3 対話を引き出す！ 探究的な授業展開プラン

❶ 替え歌で覚えよう中国史

　「もしもしかめよ」の替え歌から中国王朝を覚える。教師がテンションを上げて歌い，その後，生徒といっしょに数回歌う（ルビは対応の音）。

殷 周 秦 漢 三国（魏 呉 蜀）晋 南北朝 隋 唐
五代 宋 元 明 清 中華民国 中華人民共和国

❷ 王朝名を覚える

　数分時間をとり王朝名を覚え，数名を指名し歌を歌わせる。

```
〈練習問題1〉
殷 （　　）秦 （　　）三国 （魏 呉 蜀）晋 南北朝 （　　）
（　　）五代 （　　）元 （　　）清　中華民国
中華人民共和国
```

```
〈練習問題2〉
（　　）周 （　　）（　　）三国 （魏 呉 蜀）晋
南北朝 （　　）（　　）五代 （　　）（　　）（　　）（　　）
中華民国 （　　　　　　　　）
```

❸　秦の始皇帝

　BC221年に中国では，秦の始皇帝が中国を統一する。始皇帝の墓の近くから発見された兵馬俑坑や，不老不死の薬を探させたなどの言い伝えをエピソード程度に紹介する。

❹　春秋戦国時代の経済成長

😐 考えよう

　　中国ではBC8世紀くらいから，いくつもの国が互いに争うようになる。この時代を春秋戦国時代という。さて，この戦争時代においても中国は，別の意味で発展する。どんなことだろう。

S：戦争で発展することって？
S：武器がつくられる。
S：木材や青銅ではなく鉄の武器がつくられた。
T：鉄の武器は殺傷能力があるよね。でも，戦争によってつくられた鉄が他のところでも役立った。

S：農機具かな？

S：クワやスキなど。

T：農作業だけでなく，治水や灌漑にも役立ち，農業生産も高まった。また，生産物が広がると商業も発展するよね。

？ クイズ

　戦乱の春秋戦国時代には，「儒教」や，現在の算数の基礎も確立している。何か？

S：分数。　　S：小数。　　S：掛け算。

T：九九が誕生しています。

＊この時期の中国では，「1×1が1」から「9×9＝81」

まで，そらんじていたから，九九という名前がついたと言われている。日本には，奈良時代に数学の知識が入り，田んぼの口分田の計算などに使われた。

❺　貨幣・度量衡の統一の意義

☺ 考えよう

　始皇帝が中国を統一するまでは，中国には多数の通貨があった。通貨の種類が多いマイナス点は何か？

S：国全体で売り買いができない。

S：両替に手間がかかる。

T：両替商に手数料を支払うだけではなく，両替のたびに金が目減りします。それが，統一されるとどんなメリットがあるでしょう。

S：統一すると，中国全域で売り買いができる。

T：中国という広大な土地が単一通貨圏となることで経済が活性化します。度量衡も統一されます。

S：度量衡って何ですか？

T：長さ，面積，体積や質量の基準を示した制度です。

S：なるほど！　地域で取引がバラバラだと商売がやりにくいよね。

＊文字も統一され，簡単にコミュニケーションができる基礎がつくられた。また，日本にも伝わり漢字の基礎になった。

4 授業のふり返りと探究・対話のポイント

　秦の後，漢が中国を統一する。中央集権化をはじめたのは始皇帝であり，完成させたのが武帝であったと言える。中国ではヨーロッパに先駆けて度量衡や文字が統一された。EU ができるずっと以前に，中国に単一市場が誕生した。

【参考文献】

・『朝日新聞』2015年9月1日

・玉木俊明『物流は世界史をどう変えたのか』（PHP 研究所）2018年

エピソードから考える古代ギリシャ

1 100万人が受けたくなる！　ウソ・ホント？　授業のねらい

　BC 8 世紀，ギリシャでアテネを中心とする都市国家（ポリス）が生まれ，直接民主制が実施された。また，ギリシャでは，古代オリンピックが行われ，参加者は裸だった。「ええ！　女性は？」「奴隷は参加していたの？」「マラソンの由来はペルシャとの戦争と関係しているの？」等，いろいろなエピソードからギリシャ文化を紐解く。

2 学びを深める！　教材研究の切り口

　世界遺産に登録されているパルテノン神殿は宗教施設であるが，その推移を知ることからギリシャの宗教の変化について考える。

3 対話を引き出す！　探究的な授業展開プラン

❶　古代ギリシャオリンピック
　古代ギリシャ時代の「円盤投げ小像」を提示。

「裸だ」「マッチョ」などの感想。

☺ 考えよう

> この像は古代ギリシャで４年に１回開かれた古代オリンピックの像
> だが，女性も裸だったのか？

圧倒的に「NO」が多い。

S：女性はやっぱり競技服装では。

S：女性の競技なんてあったのかな。

T：女性は参加できませんでした。結婚している女性は観戦すらできません。
　　他に参加できない人は？

S：刑務所に収容されている人。　　S：障がい者。　　S：戦争の捕虜。

T：当時，ギリシャでは戦争が絶えませんでした。だから強靭な肉体を披露
　　するために裸だったと言われます。捕虜はどうなるのでしょうか？

S：奴隷にされる。

T：そうです。オリンピックには，奴隷と非ギリシャ人も参加できませんで
　　した。民主政治とはいえ，女性，奴隷，異民族はその枠外でした。

S：そうなんだ。みんな参加できたんじゃないんだ。

T：ギリシャではポリス内の戦争が絶えませんでしたが，千年以上のオリン
　　ピックの歴史の中で，戦争で中止になったことはあったのでしょうか？
　　意見は半々に分かれる。

T：近代オリンピックでは戦争により３回中止になりました。しかし，古代
　　オリンピックでは戦争により中止になったことは一度もありません。

S：だからオリンピックは平和の祭典と言われているんだ。

❷ 都市国家（ポリス）

☺ 考えよう

　ギリシャでは多くの都市国家（ポリス）が生まれ，総人口は25万人と言われた。なぜ，ギリシャ全体を支配することはなかったのか？ギリシャの地理的条件から考えよう。

T：ギリシャは地中海性気候です。

S：降水量が少なく温暖。

T：地中海性気候では，農作物は育ちやすいですか？

S：雨が少ないから難しい。

T：主にブドウやオリーブが栽培され，ワインやオリーブオイルを製造していました。

S：食べ物が少ないと広い場所を支配できない。

T：正解です。土壌や人口の制約から生活と防衛に適した国の形として，多くの都市国家が生まれました。

❸ ペルシャとの戦い

　BC 5 世紀にペルシャがギリシャに侵攻した出来事だ。BC490年にペルシャとの戦争であるマラトンの戦い，BC480年にサラミスの戦いがあった。マラトンの戦いでは，ペルシャ軍はアテネ軍の1.5～2倍の人数で攻め込んだが勝利したのはアテネだった。

💡 発問

　マラトンの戦いは，「マラソン」と関係あるのでしょうか？

　挙手させる。多くは「関係ある」。

S：わざわざ聞くくらいだから関係あるのでは？

S：マラソンとマラトンって似てるね。

S：ペルシャって大帝国だったのでは？

T：現在のイランを中心に成立していた大帝国で、アケメネス朝・アルサケス朝・サーサーン朝がありました。

S：アテネがそのペルシャに戦争で勝ったってすごい。

T：アテネの兵士が、一刻も早く、戦いの勝利を伝えようと重装備のまま走り続けましたが、勝利を告げた途端に力尽きたことにその由来があります。

S：42.195kmも走って知らせに行ったんだ。

T：40kmです。あくまでも伝説ですが……。

S：195mは？

T：42.195kmがはじめて採用されたのは第4回ロンドンオリンピック（1908年）です。計画では42kmでしたが、いきなり、イギリス王妃アレクサンドラが自宅の窓から観戦したいという理由で195m伸びることになりました。それにより、1位の選手が200m手前でダウンし失格になったのは本当の話です。

S：ええ！ 王妃さまだ～。

❹ ギリシャ民主制のダークな起源

考えよう

> ペルシャ戦争ってどんな武器を使っているのだろう。

S：鉄の剣。　　S：馬そのものが武器。　　S：体当たりするのかな？

T：体当たり？　いいね、何を使って体当たりするのかな？

S：身体に武器をつける（笑）

T：ちがいます！（笑）

S：船？

T：正解です。一つの戦法ですが、船の搭乗員はほぼすべてが戦闘員です。海での戦いは、船の先に設けられた青銅器もしくは鉄製のツノを敵船にぶつけて穴を開け沈没させる方法でした。

当時の軍艦をパワーポイントで提示。

S：漕ぎ手がすべて兵士なんだ。

T：陸戦では，兜や胸当て，すね当てなどの金属製の武具で重装備し敵に突撃をしました。

重装歩兵をパワーポイントで提示。

T：アテネ市民がこうして戦闘に参加するメリットは？

S：市民が力をもつようになる。

T：マラトンの戦いでは"重装歩兵"が，そして，サラミスの戦いでは，船による漕ぎ手が活躍しました。

＊スモールステップによる問いから，成人男子市民が，ポリスを防衛する義務を果たすことで政治に参加する権利を得たことを確認する。一方，アテネの総人口25万人のうち3分の1が奴隷であった。奴隷の多くは，家内奴隷や農業奴隷であったが，銀山の採掘など過酷な労働に従事するものもいた。古代ギリシャの哲学者アリストテレスは奴隷制に対して，「道具には，生命のない道具と，生命のある道具がある」と書いている。戦争に協力した成人男子市民による直接民主政治が行われ，戦争で敗北した都市の市民の大部分が奴隷になったとは歴史の皮肉である。

❺　数奇な運命のパルテノン神殿

　ギリシャ文化の代表的なアクロポリスの上に建てられたパルテノン神殿の写真を示す。

❓ クイズ

　神殿だから宗教と関係しています。関係している宗教を，次の3つから選びなさい。

ギリシャ正教会／キリスト教／イスラム教

「ギリシャ正教会」が最も多く，他も数名が挙手。

T：パルテノン神殿はBC5世紀のペルシャ戦争時，ペルシャ軍によって破壊されたが，その後，再建されポリスの守護神・アテナ女神を祀っている。

S：他の宗教との関係は？

T：資料集（略）の地図からギリシャはどこに支配されますか？

S：ローマ帝国。

S：ローマ帝国はキリスト教が国教だ。

S：その後，オスマン帝国に支配されイスラム教になるんだ。

T：パルテノン神殿はキリスト教の大聖堂，そしてイスラム教のモスクになるという数奇な運命をたどります。

＊その後もイギリス公使としてオスマン帝国に駐在していた貴族が，美術品をイギリスに持ち帰ってしまった。それは，今も「大英博物館」で展示されている。ギリシャは，エルギン・マーブル（パルテノン神殿の大理石彫刻）は，私たちの誇りであり，ギリシャの卓越したシンボルだとして返還を求めている。一方，イギリスは，ギリシャというローカル地で展示されるよりも敷衍的な価値を表現するにふさわしい大英博物館での展示を主張する。

4 授業のふり返りと探究・対話のポイント

　日本の博物館も同じような課題を抱えている。アイヌや琉球，韓国・朝鮮や台湾の文化の扱いについても同じようなことが言えるのではないだろうか。考えてみたいテーマである。

【参考文献】

・津野田興一『大人の学参　まるわかり世界史』（文藝春秋）2022年

・大阪教育大学4回生（当時）阪本晴香さんの模擬授業

いつからおにぎりを食べてたの？

1 100万人が受けたくなる！　ウソ・ホント？　授業のねらい

　日本で最古の「おにぎり」の発見という「考古学の成果」から，弥生時代を大観し，日本列島における農耕の広まりと生活の変化，東アジアとの関係を理解する。また，狩猟・採集を行っていた人々の生活が農耕の広まりとともに変化していったことに気づかせる。

2 学びを深める！　教材研究の切り口

　本事例は，大阪成蹊大学3回生（当時）の橋本夏澄さんの指導案をもとに筆者が追加・修正したものである。「おにぎり」という題材に目をつけたのは，学生ならではの発想である。本授業は，弥生時代の大観学習であり「世界の歴史」を背景に，歴史に関わる事象や意義を「時期や年代」「推移」「比較」に着目しつつ「議論」しているところに特色がある。

3 対話を引き出す！　探究的な授業展開プラン

❶　日本最古のおにぎり

ペアワーク

　次の写真（実際は，「おにぎり」の文字は消しておく）は，石川県の「杉谷チャノバタケ遺跡」だ。1987年に，この遺跡から「あるモノ」が発見された。何だろう。

S：真ん中の下にあるモノだね。　　S：矢じり？

S：三角だからそうかも。　　S：これでは殺傷できないのでは？

S：おにぎりの形じゃない？　　S：おにぎりだ。

＊1987年（昭和62年）11月に「日本最古のおにぎり」が発見された。これは，学術的には「粽状炭化米塊」と言われている。弥生時代中期から後期のもので，「日本最古のおにぎり」と一緒に住居や生活道具なども発掘された。

❷　渡来人と稲作

　縄文時代の終わり頃，中国や朝鮮半島などから北九州へ渡来した人々が稲作を伝え，西日本から東日本へと広まった。

☺考えよう

　　稲作は，紀元前4世紀頃渡来人によって伝えられた。なぜ，日本列島に来たのだろうか？

S：その頃は大陸とつながっていなかったから，わざわざ船で渡ってきたのかな。

S：ってことは，気楽に渡ってきたってことじゃないよね。

S：弥生時代の朝鮮半島はどんな状態だったかな？

S：日本列島もそうだけど争いの時代では？

T：資料としては残っていませんが，戦乱の時代であったと想像されます。

S：当時の船だからけっして安全じゃないよね。

S：そんな船で渡ってきた渡来人によって稲作が伝わったんだ。

❸　なぜ，沖縄や北海道には広まらなかったか？

😃 グループ討議

　　沖縄や北海道には，稲作は広まらなかった。なぜだろう？

S：単純に気候が適してなかったからでは？　　　S：北海道は寒い。

S：沖縄は適しているのでは？　　S：水がないのでは？

S：雨，けっこう降るのでは？　　S：山がないから川がない。

S：なるほど，川が少ないと稲作は難しいよね。

S：何を食べていたのだろう？

S：沖縄は海に囲まれているから貝や魚では？

S：北海道は？　　S：動物では鹿や熊かな？　　　S：サケなどの魚も。

S：あえて稲作をしなくても狩りと漁の生活で十分だったんだ。

＊北海道にはアイヌ民族が住んでおり，長い間，狩猟と漁の生活だった。現
　在も北海道の地名は「川」「沢」「湾」「山」など狩猟や漁に関する「アイ
　ヌ語」に由来している。

旭川―朝日が昇る川　　　足寄―下る川　　　石狩―曲がりくねった川

有珠―入江，湾　　　歌志内―砂のたくさんある沢

恵庭―尖っている山

長万部―カレイの居る所　　　小樽―砂浜の中の川

---

❹　稲作による変化

　稲作により，米の保存・煮炊きに必要な弥生土器，作業をするための，鋤
や鍬，そして，石包丁や鎌などがつくられたことを，スライド等を使い確認
する。

稲作が本格化することでトラブルが増えた。なぜだろう。

S：米の取り合い？　　　S：水の取り合い。　　　S：上流と下流だね。

S：協力して作業をしなければならないから村ができて争うようになった。

S：環境のいい土地の略奪もあるよね。

＊当時の村の想像図を示し，人々が木製の武器を使い訓練をしていることや「柵」や「壕」がめぐらされていること，敵の動向をみるための「櫓」が設置されていることを確認する。

4 授業のふり返りと探究・対話のポイント

　稲作が盛んになると，人口が増加し水田も拡大し，ムラとムラの間で土地や水の利用をめぐる争いが生じ，ムラをまとめる有力なクニが出現する。ムラを束ねる「かしら」が現れ，支配関係が成立する。

　歴史的事象は多様な側面をもっているので，「探究」においては，「推移」「比較」「相互の関連」などの歴史的な見方・考え方を使いながら，多面的・多角的に考察することが大切である。

【参考文献】

・大阪成蹊大学3回生（当時）橋本夏澄さんの指導案

平城京遷都の謎を解く

1 100万人が受けたくなる！　ウソ・ホント？　授業のねらい

「藤原京が，なぜわずか16年間で近くの平城京に遷都したのだろうか？」
という謎解きから，日本が目指した「律令国家」とはどのようなしくみだっ
たのか，また，日本と唐はどのような関係だったかを考察する。

2 学びを深める！　教材研究の切り口

694年に藤原京（現在の橿原市）が造営された。藤原京は，東西南北に張
り巡らされた道路によって街並みが碁盤目状に区切られ，その中に多くの寺
院や役所のほか，市場や役人，庶民の住宅や寺院などが計画的に配置されて
いた。人口は約３万人と推定されている。一方で平城京ができたのは710年。
元明天皇が律令制に基づいた政治を行う中心地として，新しい大規模な都を
つくった。平城京のモデルとしたのは，当時，唐の都長安だった。

3 対話を引き出す！　探究的な授業展開プラン

❶　藤原京と平城京

地図帳で「藤原京」と「平城京」を確認する。

ペアワーク

> 「藤原京」と「平城京」の位置や広さなどから気づいたことを話し
> 合おう。

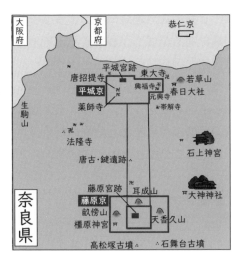

S：だいたい同じ大きさかな？　　　S：藤原京のほうが少し広い。

S：藤原京は耳成山などの山に囲まれているけど，平城京のまわりは寺が多い。

S：同じ奈良県で近くにある。

　いくつかのグループから発表させ，以下のスモールステップで授業を進める。

T：2つの都の距離はどれくらいだろう。

S：20kmくらい。

T：あまり離れていないね。ところで藤原京がつくられたのは何年か？

S：694年。

T：平城京は？

S：710年。

T：わずか16年後に遷都されており，距離も近い。どちらが広いかな？

S：藤原京の方が少し広い。

T：藤原京の大きさは，南北約4.8km，東西約5.2km，平城京は，南北約4.8km，東西約4.3kmです。

S：藤原京の方が広いっていうのもわからない。

T：わずか16年後に，しかも近い場所に遷都するっておかしくないかな？

＊平城京は，都の南端にある羅城門から朱雀門までまっすぐにのびるメインストリート・朱雀大路が幅約74ｍ。道路というより広場とも言える広さである。この広場では，朝廷の儀式や，海外からの使者の歓迎の儀式を行った。そのため，広い道が必要だった。この朱雀大路の西側を右京，東側を左京という。碁盤の目のように整然と区画されたスケールの大きな都には，10万人以上の人が暮らしていたと言われている。

❷ 内裏が北側にあるワケ

😊 考えよう

藤原京はど真ん中に内裏（天皇に住む御殿）があるけど，平城京は北側にあるよね。これが遷都の理由だという考え方がある。どういう意味だろう。

S：真ん中が縁起が悪いとか？

S：逆に北側の方が縁起が悪いのでは？

S：北側から南を見下すみたいな……。

T：藤原京は当時，勢力のあった唐の長安の都にならい造営されたと言われています。

S：長安では内裏が北側にあったとか……。

T：正解です。遣唐使が長安に行った折に，そのつくりのちがいに気づきました。

S：それで遷都したなんて唐の力はかなり強かったんだ。

T：このような関係を「朝貢」と言います。当時，朝貢していた朝鮮やベトナムの都も長安によく似た形でつくられていました。

S：唐からの使者が日本に来たときに違っていたらヤバイよね。

❸ 唐が日本に要求したこと

グループ討議

　日本は唐から，当時途絶えていた国交回復のために４つの条件を要求された。その後の日本の政策から，その要求を考えよう。１つは内裏を中央に造営することだ。

　教科書を参考に考える。

S：租庸調の税金かな。

S：お金がないと何もできないからね。　　S：班田収授法。

S：701年の大宝律令の律令による政治のしくみも大切。

S：和同開珎という貨幣をつくること。

S：貨幣と国のしくみって大切だ。

S：平城京には寺が多いから仏教を重んじることも大切。

S：確かに藤原京には寺は少ない。

　このグループは「大宝律令」「和同開珎」「仏教」の３つと回答。

T：１つは仏教の慈悲と寛容の精神に則った政治を行いなさいというものです。そして，唐の律令を参考に法律に則った政治，つまり法治国家を要求しました。最後の条件は，歴史書です。何でしたか？

S：古事記。　　S：日本書記。

T：国史を編集しなさいということです。

S：なるほど，それにより日本の骨格がつくられたんだ。

＊669年第７回から中止されていた遣唐使は702年に再開される。そのときの遣唐使である粟田真人は「大宝律令」を持参している。

❹ 遷都にむけた仕事と律令制度

　遷都の際には，天皇の住む宮殿や役所，碁盤の目状の道路をつくり土木工事が行われた。当時の税の中には，米や布などのかわりに肉体労働しておさめるものもあった。平城宮内の整地だけで必要な人数は16000人とも言わ

れている。

😊 **考えよう**

　土木工事はとても厳しいものだったため，その労働に耐えかねて逃
亡した人もかなり多くいた。逃亡したらどうなったのか。

S：つかまる。　　　S：つかまって処刑される。

S：帰ったら処刑されるからそのまま逃亡者になった。

T：当時はすでに刑罰も規定されていたから，逃亡者は処刑されました。刑
　　罰のことを何と言ったでしょう。

S：律令？？

T：令だね。逃亡した場合，その補充はどうしたのだろう？　足りないまま
　　続行したか？　それとも国から補充したか？
　　挙手させる。意見は半分に分かれる。

T：その人の出身地から代わりの人を送り込まなければいけなかったのです。
　　そんなことができたのは，当時，どのようなしくみがあったからでしょう。

S：役人がいた。　　　S：国司がいた。

T：国郡里制度があり，それぞれ国司，郡司，里長という役人がいたからで
　　きたわけです。

〈生徒の感想〉

　日本が目指した律令国家，日本と唐との関係がわかった。遣唐使が長安に
行った折にそのつくりのちがいに気づいたことを初めて知り，唐の力が強か
ったことがわかった。土木工事に耐えかねて，逃亡した人がどうなるかから，
既に刑罰である令に規定されていたことや，国郡里制により逃亡した人の出
身地から代わりの人を送り込むという，当時の制度を学ぶことができ，土木
工事と制度という全くちがうものがつながったことはとても面白い。

4 授業のふり返りと探究・対話のポイント

　遷都理由には諸説ある。定説は，天皇中心の政治の実現のため，豪族の本拠地から離れ，また人口が増え，米の安定的確保ができる，より交通の便のよい場所へと遷ったというものである（帝国書院版中学歴史教科書）。本授業は，安部龍太郎（作家）説による。両説の相違は，律令国家成立の主たる要因である。前者は中央集権国家成立という「内的契機」，後者は唐からの「外圧契機」である。どの説を支持するか議論させることも面白い。歴史教育は「歴史家になったように思考する」という論がある。本テーマなら可能であろう。

　なお，磯田道史氏は，歴史小説について「歴史に題をとっているにもかかわらず，著者があまりにも架空の物語を想像で書いてしまっている」（『歴史の愉しみ方』中央公論新社）と指摘している。小説を歴史的事実の見解とするのは，さけるべきであろう。

【参考文献】

・河原和之『続・100万人が受けたい「中学歴史」ウソ・ホント？授業』（明治図書）2017年

・阿部龍太郎「平城京の謎に迫る」『潮』（潮出版社）2021年1月号

摂関政治から院政へ

1 100万人が受けたくなる！　ウソ・ホント？　授業のねらい

　「突然，摂関政治が終わってしまった理由」「なぜ，白河天皇は上皇になったのか？」「後三条天皇の荘園整理令はどういう意味があるのか」等々，歴史の「なぜ？」を考えることで，古代から中世の変革期を学ぶ。

2 学びを深める！　教材研究の切り口

　歴史授業の中で「院政」は難解な単元である。天皇から上皇になり，権力を掌握したとの流れだが，「なぜ上皇になると力をもってくるのか」よくわからない。また，「摂関政治」から「院政」へと政治体制が変化することの意味づけも困難である。参考文献の本郷和人氏の著書を読み，さっそく授業化した。

3 対話を引き出す！　探究的な授業展開プラン

❶　白河上皇が自由にならないもの

　1086年，白河天皇が天皇の位を皇子に譲り上皇になり院政がはじまった。

🗨 グループ討議

　　白河上皇は「天下三不如意」，つまり自由にならないものは「鴨川の水」「山法師」「さいの目」の３つだと言った。分担し，それはなぜか考えよう。

〈鴨川の水〉

S：鴨川の水って京都の中央を流れる鴨川？

S：それ以外に考えられない。

S：その鴨川が自由にならないってどういうこと？

S：洪水が起こるとか？　　S：大雨になると洪水になるかな？

＊京都鴨川の氾濫が多く発生し，天変地異に困っていた。

〈山法師〉

S：山法師ってお坊さんのこと？

S：京都って盆地だからまわりが山なので災害が多かった？

S：法師って人間では？　　S：山法師ってやっぱりお坊さんみたいだよ。

＊当時はお寺も一大勢力だった。特に，比叡山延暦寺の僧兵が院に対していろいろな要求をすること。

〈さいの目〉

S：さいって何？　　S：サイコロでは？

S：サイコロの目ってのは自由にならないから。

S：賽の河原って言わないかな？

S：死ぬことからは逃れられないってことでは？

＊当時は，「博打」が流行していて，それを止められなかったということで「さいの目」である。つまり，それ以外は自由になったということである。

❷ 摂関政治から院政にすぐ移行したワケ

　年表で，藤原道長が摂政になった時期と，白河上皇が院政を行った時期を確認する。それぞれ1016年と1086年である。

😊 **考えよう**
> 　道長が栄華を極めたのが1016年として，70年後に院政がはじまっている。摂関政治は，早く衰退したということだ。なぜか？

S：道長の子どもの頼通の時代も栄華を極めたのでは？

T：頼通は1074年に死去していますから，その12年後には，白河上皇による院政がはじまっています。その間に何があったのでしょう。1068年には後三条天皇が即位しています。この天皇は何をしたのでしょうか？

S：荘園整理令？　　　S：教科書にも書いてある。

T：きちんと手続きをしていない荘園を公地に組み入れました。

S：荘園をいっぱいもっていた藤原氏にとっては大打撃だ。

T：藤原氏は，所有している荘園をどれくらい失くしたのだろう？

　2分の1，3分の1，4分の1から挙手する（4分の1が多い）。

T：答えは，3分の1です。これで権力基盤を削られてしまいます。ところで「摂関政治」で絶対，不可欠なことは何だったでしょう？

S：娘が天皇と結婚すること。

T：娘がいなかったらダメだよね。また，その子が天皇と結婚するというのは，かなりハードルが高い。彰子と一条天皇のときは，なかなか子どもができないので道長は焦ったよね。

S：ステキな女性になってもらうために紫式部を家庭教師にして，漢文や和歌を教えてもらったと前の時間に習った。

S：しかも誕生する子どもが男の子でないと天皇になれない。

T：つまり摂関政治は，「運」にかけた政治だったわけだ。

S：そこに母が藤原氏でない後三条天皇が現れ，一気に雲行きが変わった。

❸ 荘園が支えていた院政

なぜ，上皇が力をつけてきたのだろうか。令和時代にも，元天皇が生前退位し上皇になった。しかし，権限もなく政治やマスコミなどの世界からの露出度が少なくなった。

😊 考えよう

> 後三条天皇の時代に実施された荘園整理令は，荘園を寄進される貴族や寺社にとっても，そして荘園領主にとっても重大な脅威だった。荘園が，どんどん公地になっていく。さて，息子である白河天皇はどうしたか？

S：お父さんにお願いして荘園整理をやめてもらった（笑）

S：そんな自分勝手なことはできないのでは？

S：天皇だからそれは無理では？

T：天皇が荘園を保有すること自体，公地公民では許されないですね。

S：上皇になっても同じでは？

T：白河上皇は，今の京都・岡崎公園のあたりに，法勝寺をはじめ6つの寺を建立しました。これがヒントです。

S：その寺に荘園を与えた。

T：与えたというか，6つの寺に荘園を寄進させて，莫大な富を得ました。

4 授業のふり返りと探究・対話のポイント

「摂関政治」が一気に衰退したのは，それが一つのシステムではなく，「子どもが天皇になる」という偶然性に依拠したものであったからである。院政は，「土地」の主導権を握ったものが権力をもつ中世への時代の転換点になる。

それが「武士の世」へとつながっていく。

【参考文献】
・本郷和人『承久の乱　日本史のターニングポイント』（文藝春秋）2019年

馬と金が欲しかった頼朝

1 100万人が受けたくなる！　ウソ・ホント？　授業のねらい

　兄頼朝に協力し，源平合戦で活躍し，平氏を倒した義経が，「なぜ殺されなければならなかったのか？」また，義経を保護した「奥州藤原氏が滅亡させられたワケ」や，鎌倉武士が大切にしたことなど，朝廷政権から武家政権へと移行した時代の様相を考察する。

2 学びを深める！　教材研究の切り口

　NHK「鎌倉殿の13人」を毎週視聴していた。鎌倉時代の，政権抗争にからむ殺人がいとも簡単に行われる「殺伐とした時代像」がよくわかる。「今日の味方」が「明日の敵」になる "自力救済" の時代を生き抜くことの大変さが見事に表現されていた。本稿では「なぜ頼朝は奥州藤原氏を滅ぼしたか？」を軸に考える。

3 対話を引き出す！　探究的な授業展開プラン

❶　なぜ兄頼朝は怒ったのか？

　義経は，一の谷の合戦で，断崖絶壁を馬で駆け下り平家を急襲したり，壇ノ浦の合戦で甲冑をつけたままの八艘飛びなどで平家を滅ぼしたのに，兄頼朝から以下のような仕打ちを受けた。

・後白河法皇によって検非違使少尉に任官したが，兄頼朝から激怒され平家追討から外された。

・源平合戦では大活躍したにもかかわらず，平家滅亡後，平宗盛，清宗父子を鎌倉に護送しようとしたら，鎌倉入りを許されなかった。

> **☺ 考えよう**
>
> 　兄頼朝が，義経に怒った理由は何か？　頼朝の目指したことから考えよう。

S：頑張りすぎというやっかみではないんだ。

T：後白河法皇は東国の鎌倉幕府を取り込もうとする。その方法は？

S：都の貴重なモノを与える。　　S：朝廷の役人にする。

S：義経も高い位をもらったよ。

T：平家滅亡に貢献した源氏勢に官位を与えることで，朝廷に取り込もうとしていたんだ。

S：御家人が後白河法皇側になったらヤバイよね。

S：官位をほしいと思う武士もいたのでは？

T：官位がほしければ，まず，自分に言えってことだね。

S：頼朝より天皇からもらうほうがいいのでは。

T：自分が朝廷と交渉するということです。頼朝に断りなく朝廷から官職をもらった御家人に対して脅かす頼朝の文書も残っています。

＊頼朝は，朝廷と一定の距離をおくことが，武家政権にとって大切だと考えていた。それは，頼朝が平氏から島流しにあった頃の，多くの土着武士との出会いから得た教訓である。土着武士は，土地の権利を認めてもらうことを欲していることを学んだ頼朝は，自分は何をするべきかを理解していた。だから，朝廷寄りの義経は危険だと殺害した。

❷　なぜ奥州藤原氏を滅亡させたか？

　1185年，頼朝の義父にあたる北条時政は，義経追討問題の処理のために京都に入り，守護・地頭の設置を認めさせます。

　　平安末期から鎌倉時代頃の戦いにおいて，重宝されたのは「刀」「弓」「やり」「馬」のどれだろう。

S：刀はないのでは？

S：かなり重い鎧をかぶっているから刀では殺傷できない。

S：江戸時代は刀ってイメージだけど。

S：やりだと鎧を突き抜くことができる。

S：でも源平合戦では弓の名手って登場しなかったっけ？

S：那須与一って有名では？

S：馬は移動の手段かな？　　S：突き飛ばされたら死んじゃいそうだけど。

　本グループは「弓」と回答。

＊この時代は「流鏑馬」にみられるように，馬を疾走させながら獲物に向かって矢を放つのが武士の姿である。逸話にも「弓の名手」は語り継がれている。馬は単に移動手段だとの説もあるが，馬そのものが，今で言うと戦車のような強力な武器だった。答えは「馬」である。

😊 考えよう

　　1189年，頼朝は，弟義経を保護したという理由で奥州藤原氏を滅亡させる。それは，当時の奥州には，頼朝には喉から手が出るほどほしいものがあったからだ。それは何と何か？

S：土地。　　S：奥州でなくてもいいのでは？

S：魚。　　S：鎌倉にもあるのでは？　　S：馬？

T：そうです。奥州は当時も今も馬の産地です。もう一つは平泉の中尊寺がヒントです。

S：金だ！

T：中尊寺金色堂は金でできていますね。

S：へっ！　したたか！　義経を保護したという理由で，馬と金を得たんだ。

　鎌倉武士は，江戸時代の武士と異なり，将軍のいる鎌倉に居をかまえていない。地方の農村部で生活しているのが，この時代の武士の特徴だ。地方では農業をしていて，何か要請があれば鎌倉に馳せ参じる。その証拠として，「足利」「新田」「熊谷」「小山」など関東武士の家名を受け継ぐ地名がある。鎌倉武士は，「いざ鎌倉」のときは，居住地から鎌倉街道を通り，はせ参じたのである（奉公）。そのかわり，将軍から土地を保護された（御恩）。

　また，当時の合戦では，闘いの前に，長い名乗りをあげた。「畠山重忠」の正確な名前は「畠山荘司平次郎重忠」である。「畠山」（住所）「荘司」（荘園での地位）「平」（苗字）「次郎」（次男）「重忠」（名前）であり，大切なのは「畠山」という住所である。戦った相手が支配している領地の一部が「恩賞」として与えられる。戦いのときの「名乗り」にもこんな意味がある。

＊鎌倉時代を含め中世は殺戮が横行する残虐な時代である。このことが，日本の元との外交にも表れている。鎌倉時代，元の襲来と言われる戦争が二度起きた。1274年の文永の役では，博多湾に上陸した元軍を何とか追い返した。翌年，５人の元の使者が現在の山口県下関に着いた。幕府はどういう対応をしたのだろう？　話し合うことはなく首をはねた。このことが1281年の弘安の役をもたらした。

　現在の日本はアメリカ追随の外交と揶揄されることがある。歴史からも外交の在り方を学ぶことができる。

【参考文献】

・本郷和人『承久の乱　日本史のターニングポイント』（文藝春秋）2019年
・河原和之『100万人が受けたい「中学歴史」ウソ・ホント？授業』（明治図書）2012年

寺院数から考える鎌倉仏教

1 100万人が受けたくなる！　ウソ・ホント？　授業のねらい

　鎌倉仏教の特色は，公家や貴族のものでしかなかった仏教が，一般庶民にも広がったことである。"念仏を唱えれば救われる"という言葉がそのことを端的に表しているが，親鸞の人となりを知ることから，鎌倉仏教について考える。また，福井県をトップに北陸地方は人口10万人あたりの寺院数が多い。加賀国においては，室町～戦国時代にかけて一向宗が守護を倒し，約100年間にわたって自治を行った。この背景を考える。

2 学びを深める！　教材研究の切り口

　「なぜ室町時代に加賀の国で一向宗が100年も自治を行うことができたのか？」という疑問がある。浄土真宗（一向宗）の元祖である親鸞の一生や生き方を見直すことから，その要因の一部が解明された。その一端に触れた授業事例である。

3 対話を引き出す！　探究的な授業展開プラン

❶　寺院の多い都道府県

🐾ペアワーク

> 日本でいちばん寺院数が多い都道府県はどこか？

S：そりゃ京都では？　　S：奈良も多いかも。

S：でも人口にも関係するから東京では？

S：東京は寺というイメージがないから大阪だ。

＊最も多いのは愛知（4842），2位は大阪（3444）である。以下，兵庫，滋賀，京都と続く。愛知が多いのは，戦国時代の戦乱の中心で多くの死者が出て供養されたからとの説がある。

❷　日本でいちばん信徒の多い仏教は？

「知っている寺は？」「どのように，仏さんを拝むか？」「座禅に行ったことはあるか？」などから，鎌倉仏教宗派の概略を学習する。

❓クイズ

日本でいちばん寺院数の多い仏教の宗派は？
浄土宗／浄土真宗／日蓮宗／曹洞宗

「浄土宗」「浄土真宗」に挙手する生徒が多い。答えは「浄土真宗」。

T：日本全国の寺院の総数は7万7千だが，浄土真宗の寺院数は？

「1万」「2万」「5万」と口々に答える。

T：2万を超えています。およそ26％の寺院が浄土真宗です。第2位は？

S：師匠の浄土宗。

T：浄土宗は，京都の知恩院が総本山ですね。ちがいます。

S：曹洞宗。

T：曹洞宗が第2位です。座禅で悟りを開こうとする宗派ですね。総本山は？

S：……。

T：福井県の永平寺だよ。

教師の座禅体験の話をする。

＊日本でいちばん信徒が多い宗派は「浄土真宗」で，1200万人を超え，日本の総人口の10分の1にあたる。

❸ 親鸞ってどんな人？

「浄土真宗」が，寺院の数，信徒の数ともに多い理由を考える。

❓ クイズ

　　親鸞について，2択クイズをする。

1　ア　僧ではじめて妻をもった
　　イ　女性には見向きもせず布教した
2　ア　自分の死体は灰にして賀茂川に捨てるように
　　イ　自分の死体はミイラにして寺に安置せよ
3　ア　善人こそ救われる　　イ　悪人こそ救われる
4　ア　何万回も念仏を唱えれば救われる
　　イ　心を込めた一回の念仏で救われる
5　ア　狩りや漁で生き物を殺してもしかたない
　　イ　絶対に殺生はいけない

答え：1　ア／2　ア／3　イ／4　イ／5　ア

　1については諸説あること，5から「悪人正機説」について説明する。

　親鸞の活動拠点は北関東であった。洪積台地には，多くの湖沼や沼地が広がり，そこでは，魚や鳥などの捕獲を生業としていた。仏教の教えでは，「殺生」をする人は「悪人」である。このことを認め，「悪人正機説」を唱えた。

😃 グループ討議

　　クイズから，浄土真宗ってどんな教えだったか考えよう。

S：気楽な感じがして信仰しやすい。　　S：誰でも信仰できそう。

S：庶民の宗教って感じ。　　S：エコ宗教？

S：これまでの仏教は一部の貴族などしか信仰しなかったのが，庶民の仏教になったってことかな。

＊親鸞の教えは，成仏は自力でかなうものではなく，ひたすら仏に頼るべき

（他力）だとした。人の心のわびしさ，さみしさ，不安は宗教を生む。親鸞の修行は滝に打たれるような修行ではなく心の修行を説いた。

❹　10万人あたりの寺院数が多いのは福井県

❓クイズ

10万人あたりの寺院数が多い都道府県は？
愛知／京都／奈良／福井

「愛知」「奈良」が多い。「福井」も意外性があるのか，けっこう多い。

T：1位は福井県で10万人あたり229.8寺院です。北陸地方の富山県が6位，新潟県が11位，石川県が12位です。京都が13位だから北陸地方が多いことがわかります。なぜ北陸地方が多いのか？

S：雪が多く，食べ物もなく，救いを仏教に求めた。

T：なかなか仏教の本質を踏まえた意見ですね。親鸞は1207年に後鳥羽上皇の怒りに触れ，越後国（上越市）に流されたこともその要因です。

4　授業のふり返りと探究・対話のポイント

　室町時代には中興の祖である蓮如が拠点を置き，戦国期には北陸で一向一揆が起こった。また，明治前期に行われた人口調査では，新潟県や石川県が都道府県ランキングで上位になっている。当時は，農業中心の社会であり，基本，面積の広い都道府県の人口が多いが，北陸地方は仏教が強く信じられていたので，かつて日本の農村で行われていた間引きや身売りが少なく，人口が増えたとも考えられる。

【参考文献】

・島田裕巳『浄土真宗はなぜ日本でいちばん多いのか』（幻冬舎）2012年

・小和田哲男監修『カラー版　地形と地理からわかる日本史の謎』（宝島社）2022年

・河原和之『続・100万人が受けたい「中学歴史」ウソ・ホント？授業』（明治図書）2017年

「悪党」と後醍醐天皇

1 100万人が受けたくなる！　ウソ・ホント？　授業のねらい

　鎌倉幕府滅亡から南北朝内乱時代の授業である。素朴な疑問がいろいろ浮かぶ。「楠木正成などの武士がなぜ後醍醐天皇に協力したのか？」「悪党っていったい何？」「建武の新政が，なぜわずか３年で滅んだのか？」「なぜ，南北朝の内乱が60年間も続いたのか？」などである。以上の疑問を解決することから，南北朝時代を大観したい。

2 学びを深める！　教材研究の切り口

　「悪党」というと悪いイメージがあるが，それは当時の支配層からの見方であり，支配層や体制に反抗した集団をいう。武功による恩賞を目当てに全国を転戦する悪党も多く，ときには略奪を働き，旧来の価値観や秩序の崩壊させた。悪党は商人とのつながりも深く，農耕のみならず商業も発達させ，力をもった。その代表格が楠木正成だ。南北朝時代における悪党の役割と，南北朝の内乱が60年間続いた背景を考察する。

3 対話を引き出す！　探究的な授業展開プラン

❶　一休さんの両親

　「一休さん」のアニメを視聴する。

　一休さんは，1394年に誕生する。1392年に南北朝が統一されたが，依然として北朝と南朝に分かれ争っていた時代である。一休さんの父は，後小松天

皇で「北朝方」，母は「南朝方」であった。この対立が家庭に波紋をもたらし，彼は，幼い頃，安徳寺で一時期を過ごすことになったとの説がある。

❷ 「悪党」って

　鎌倉幕府の滅亡の要因となった「元寇」「貨幣経済の発展」「相続制度」について復習する。

☺ 考えよう

> 　鎌倉幕府滅亡に大きい役割を果たしたのは，足利尊氏，新田義貞，そして楠木正成だ。楠木正成は千早赤阪城での攻防により大活躍した。楠木正成は「悪党」と言われるが，「悪党」とは何だろう？

S：どうみても悪いイメージ。

S：セコいやり方で幕府方を苦戦させたとか？

T：城から大石を転がしたり，糞尿を投げたりしたことは有名な逸話ですが，悪党だからといって，悪いことをする集団ではありません。おもに畿内に影響力を広げていました。

S：畿内って京都近辺だよね。

S：ってことは関東の御家人ではないんだ。

T：どんなところに住居を構えていたのだろう。

S：荘園？

S：都の警備かな？

S：大阪の千早赤阪村に城があるのでは？

T：平安時代の武士と同じような警護の仕事をしていました。関東と畿内，どちらの方が貨幣経済が発達していたかな？

S：畿内では？

T：悪党は商人とのつながりも深く，農耕のみならず商業も発達させ，力をつけました。その代表格が楠木正成です。

❸ 後醍醐天皇と悪党

☺ **考えよう**

なぜ，後醍醐天皇は悪党に目をつけたのだろう。

S：鎌倉幕府とは関係ない武士だから。

T：御家人は何のために戦ったのか？

S：恩賞の土地がほしいから。

T：幕府に対してはどんな風に思っているかな？

S：御家人ではないから，戦えば土地をくれるわけでもないので幕府との関係は薄いどころか不満がある。

S：徳政令で借金をなしにするというむちゃくちゃな政策により，都の高利貸しに不満が渦巻いている。

T：商人とのつながりもあったからね。

S：後醍醐天皇は，こんなに不満をもつ人々が多いならば，幕府を倒すことは可能なのではと考えたのでは？

T：後醍醐天皇は，幕府を倒そうとする試みに1回は失敗し，隠岐島に流されますが，2回目は，こんな勢力も仲間に入れ成功します。

❹ 後醍醐天皇の政治

「二条河原の落書」（教科書）を読み，建武の新政の混乱した状況を知る。

〈二条河原の落書き（一部）〉

このごろ都にはやっているものは，夜討ちや強盗，天皇のにせの命令，逮捕された人や緊急事態を知らせる早馬，何もないのに騒動が起こること。生首があったり（中略）土地や恩賞欲しさにうその戦を言い出す者や（中略）おべっかや悪口，禅や律宗の僧の口出しもある。

この中で，これは当時の政治に問題があるという事項について交流
しよう。

S：夜討ちや強盗は治安が悪く，天皇の政治では鎮圧が無理な証拠。

S：天皇のにせの命令がバンバン出てくるってのは，天皇が舐められている。

S：生首ってのは，勝手に殺人が行われていて，逮捕できないということ。

S：土地や恩賞欲しさにうその戦いを言い出すってのは，政治が混乱してい
ることの象徴だ。

S：この時代は土地が財産だから，適当に対戦相手をやっつけたと嘘をつい
て，「はい！　そうですか！」っていうのは政治が機能していない。

S：ホント，好き勝手している状況だ。

＊新政に登用された武士は，楠木正成と後醍醐天皇の隠岐からの脱出を手伝
った名和長年ぐらいだった。これまでの武士のしきたりを無視し，天皇に
権力を集めて新しい政策を次々と打ち出したため，武士や農民だけでなく
公家からも批判をあび，わずか3年で崩壊し，後醍醐天皇は吉野に南朝を
築き，京都の北朝と対立する南北朝時代が60年間続く。

❺　60年間も続いた南北朝の内乱

💡 **発問**

後醍醐天皇の吉野にある墓は「東西南北」どちらを向き建立されて
いるのか？

答えは「北」である。死んでからも「憎き北（朝）」を向き建立されたと
の俗説である。京の空をにらむように北面にしてつくられているので，北面
の陵とも呼ばれている。ちょっとしたエピソードだが，印象には残る。

　　南北朝の内乱が約60年続く。どうしてそんなに長く続いたのか？

S：一部の武士以外はどちらの味方でもなかったのでは？

T：その時々に味方を変えたってことかな？　いいところに目をつけたね。

S：だって，天皇家の問題だし，武士にとってはどうでもいい。

S：天皇家でも，一休さんみたいな人にとってはたいへんだけど。

T：対立する一方が北朝を支持すると，他方はそれに対抗する南朝支持に回るという構図だ。実際，薩摩国の島津氏は，対立する相手やその時々の情勢により立場を変えた。

S：足利幕府は北朝側だし，武力もあるから一気に攻め込めば勝利できたのでは？

T：室町時代初期ではそんな力がなかったってことだね。山名氏などは，「六分の一衆」と言われるくらい力があった。

S：天皇家が一つになるのも困るよね。

T：南朝を倒して天皇家を一本化すると天皇の力は強まる。朝廷が南北に分裂していることは幕府にとっては望ましいのでは。つまり，幕府は南朝の力を恐れたのではなく，むしろ北朝を牽制し，支配が容易な状態をつくったんだろうね。

S：なぜ，義満になり南北朝が統一されたの？

T：単純に，義満が朝廷を完全に掌握できるくらい力があったからだろうね。義満以降，第二期武家政権がはじまるよ。

4 授業のふり返りと探究・対話のポイント

　戦前（第二次世界大戦前）の皇国史観では，建武の新政は，天皇による統治が復活した出来事で光り輝く時代だった。後醍醐天皇は，神様のように崇められ歴史的に低く評価することは許されなかった。一方，足利尊氏は「逆賊」と言われ，戦前は，修学旅行で，かつての足利氏の領地は避けられたと言われている。足利氏の子孫は学校や地域では，「排除」されたとも言われる。時代により歴史上の人物の評価も異なることを学びたい。

【参考文献】

・本郷和人『日本史の論点』（扶桑社）2021年

・高橋慎一朗，高橋典幸，末柄豊『ジュニア　日本の歴史3』（小学館）2010年

中世の職人が果たした役割

1 100万人が受けたくなる！　ウソ・ホント？　授業のねらい

　室町時代の「七十一番職人歌合」には，100種類以上の職人が書かれている。また，西陣織や越前・美濃・奈良などの紙，備前・京都の刀，瀬戸の陶器など，各地の特産物が生まれたことが教科書に記述されている。本単元は，通常，脈絡のある授業が成立しにくく，「西陣織＝京都」など，いわゆる「暗記型」の授業になりがちである。また，「一部の職業に就く者たちは河原者と呼ばれ，けがれているとして差別する見方も強まっていきました」として，"ケガレ"による差別の発生にも触れている。本稿では，「活性化する社会」という観点から，商品経済の発達する社会を軸に授業を展開する。

2 学びを深める！　教材研究の切り口

　「七十一番職人歌合」に登場する職業から，"ケガレ感"を含め被差別部落の起源を扱った授業を，大阪府茨木市の小学校で参観させていただいた。難関な単元にもかかわらず児童が積極的に発言する姿が印象的だった。本授業を参考に社会史から歴史を考察する授業を構想した。

3 対話を引き出す！　探究的な授業展開プラン

❶　室町時代の職業

　「七十一番職人歌合」の一部の絵（略）を配布する。

これらの絵は，どんな職業を表したものか考えよう。

S：何かわかりにくい。　　S：服屋かな？

S：大工。　　S：超能力者。　　S：医者。　　S：商人。

S：料理人。　　S：刀鍛冶。　　S：運送業者。　　S：役者。

など。

　それぞれのグループから発表させ，室町時代にはいろんな職業があったことを確認する。

❷　大原女と都の燃料不足

考えよう

　　中世の職業を表した絵の中には，以下のような大原女も描かれている。大原は京都市内の北部の山がちな地形にある場所だ。この人たちは京都中心部に何を販売しに行くのだろう。

S：頭の上に乗せているよね。

S：重いからかな？

S：漬物？

S：大根とかの野菜？

T：都には不可欠なもので，人口の増加で不足していたものだよ。

S：やっぱり食べ物では？

T：都で使用する薪や炭の燃料を売りに行っていました。

S：なるほど！　女性が売るって意外。

S：しかも，頭に乗せるとは！

T：頭に手ぬぐいを巻き，筒袖をつけた独特な姿は，燃料に乏しかった都の人たちの心を捉え「大原女」と言われました。

S：へっ！　いろんな職業があったんだ。

＊「桂女」という，桂川の鮎などを販売した女商人もいた。行商人には女商人が多かったのも特徴だ。

❸　JAPANって何？

🐾 ペアワーク

　　英語に JAPAN という言葉がある。もちろん「日本」だが，英和辞典をみると，「日本」以外の和訳が掲載されている。何か？　ヒントは，君たちの家の食器棚にあるかもしれない。

S：コップ。　　　S：それは cup では？

S：えっ！　なんだろう。　　　S：お茶碗。　　　S：そうかも。

S：お茶碗の英語って聞いたことないよね。

S：お茶碗でいいのでは。

　　新聞紙に包んだ漆器を示す。

T：答えは漆器です。当時は漆器を JAPAN というくらい有名だったのですね。中でも紀州（和歌山県），会津（福島県），越前（福井県），山中（石川県），輪島（石川県）などが有名で特に石川県が多いです。

　　石川県をはじめ北陸地方の「漆器」の産地を地図帳で確認する（「山中漆器」「高岡漆器」「輪島塗」など）。

T：ケヤキやアスナロなど木地に向いた木が多く，鎌倉時代から漆器がつくられていたと言われています。

＊その漆器文化が大きく花開いたのは江戸時代。加賀藩のもと，輪島塗や金沢漆器が庇護されたことがあげられる。輪島塗は丈夫で美しいこと，金沢漆器は金蒔絵の美しさから人気を集めた。

＊当時の特産品で今も残るモノを地図帳で探す。

・酒造：灘　　　・刀剣：関　　　・和紙：美濃

・織物：西陣　　・陶器：美濃　　・漆器：輪島塗

木目調ピアノ
↓

日本の漆文化
カッコいい!!

JAPANNING
ジャパニング

漆黒ピアノ 誕生!
↓

😊 **考えよう**

各地で特産品が増えることで，社会にどんな変化が生まれるか？

S：市場が発達する。　　S：運送業者が必要になる。

T：「馬借」「車借」などの運送業者だね。

S：定期市が広がる。　　S：お店ができる。

T：鎌倉時代は月3回くらいの定期市である「三斎市」だったのが，室町時代になると月に6回の「六斎市」に進化しました。

S：お金も必要になるのでは？

T：貨幣の流通が増え，貨幣経済が発達しました。日本でも貨幣がつくられましたが，おもに中国からの貨幣が使われていました。

S：中国に銅を輸出し銅銭を輸入したと教科書に書いてある。

S：なるほど！　日本の貨幣はあまり信用されていないんだ。

T：幕府が貨幣を発行するのではなく，朝廷が発行するよね。律令制は崩壊し信用がなくなっているからだね。

＊貨幣経済の発達により「土倉」「酒屋」などの高利貸し業も発達する。

❹ 差別の源泉と "ケガレ感"

「青屋＝染物屋」「猿楽＝芸人」「曲舞＝ダンサー」「長史＝革職人」「陰陽師＝占い師」の5種類の職業から1つを選択する。

> 😃 **グループ討議**
>
> 　この5つの職業は，みんなから，避けられていたと言われている。なぜか？　あなたのグループが選んだ職業から考えよう。

　2例を紹介する。

〈青屋〉

　S：すごい技術をもっていてうらやましい感じが逆に避けられる。

　S：色が変わるから不気味な感じがする。

　S：染める原料になるモノに対する偏見。

〈曲芸〉

　S：自分にはできないことばかりでちょっと引いてしまう。

　S：へっ！　すごいと思うけど，自分とは違うと思う。

　S：とてつもない人と思って，逆に避ける。

＊当時の人々は「自然に神が宿る」と考えており，自然に手を加えることは恐れられていた。科学的な知識のないこの時代は，自分が理解できないことに畏れを感じたこと，それに携わっていた人を排除した。

＊「長吏」という革職人には，皮なめしなど血に関係する仕事を行い"嫌悪感"をもつ一方で，「陰陽師」には，特別な力があり，自分たちと異なる人というイメージをもち"畏敬"の念をもつ。"嫌悪"と"畏敬"が「ケガレ感」と関係している。

4 授業のふり返りと探究・対話のポイント

　元々職人集団は朝廷に属す官僚であったが，室町時代後期になると朝廷の
力が落ち職人集団が自立し，京都や地方の大名の城下町で活動する。そして，
町衆と言われる，特に土倉などの京都の裕福な商工業者が誕生する。応仁の
乱後の京都復興においての重要な階層であり，自治と団結を進め，文化をつ
くった。その本山が本能寺である。祇園祭を行ったことをはじめ，能，茶な
どの庶民文化の担い手となった。

【参考文献】

・相澤理『歴史が面白くなる　東大のディープな日本史』（中経出版）2012年

・大石学監修『一冊でわかる室町時代』（河出書房新社）2022年

・宮崎亮太「戦乱の時代を支えた職人たち」河原和之編著『主対的・対話的で深い学びを実現
　する！　100万人が受けたい社会科アクティブ授業モデル』（明治図書）2017年

・茨木市立大池小学校研究授業　6年生（2022年10月19日）

なぜ親藩がそこに置かれたのか？

1 100万人が受けたくなる！　ウソ・ホント？　授業のねらい

　江戸時代には約300もの大名が存在した。徳川御三家をはじめ，徳川一門の親藩，関ヶ原の戦い以前の家来であった譜代，そして，関ヶ原の戦い以降の家来である外様である。外様には加賀100万石の前田家，73万石の島津家など有力大名が多く存在した。本稿では，尾張，紀州，水戸御三家の配置から，交通や大名との相互の関連について，地政学から考察する。

2 学びを深める！　教材研究の切り口

　教科書には，尾張，紀州，水戸藩の配置については記述がない。しかし，江戸幕府は，御三家についても地政学の観点から功名に配置していたことを，参考文献の小和田氏監修の書籍により知ることになった。本切り口は，当時の幕府と大名との関係や交通システムから考察することができる。

3 対話を引き出す！　探究的な授業展開プラン

❶ 大名・旗本・御家人

　将軍から1万石以上の領地を与えられた武士を「大名」，徳川氏の家来のうち1万石未満で直接会うことができる者を旗本，そうでないものを御家人という。親藩，譜代，外様それぞれの説明をする。

　教科書の「主な大名配置」をみて，知っている大名について交流しよう。

S：水戸徳川って水戸黄門さんでは？　　S：諸国漫遊だね。

S：本当に漫遊していたのかな？　　S：伊達って有名だよね。

S：片目を失明した伊達政宗の子孫だ。　　S：島津も有名。

S：西郷隆盛が仕えていた家だ。

S：井伊もゆるキャラ，ひこにゃんのいる彦根城の藩主。

S：前田は加賀100万石で有名。

❷　巧みな大名配置

グループ討議

　幕府は，約270もいる大名を支配するために，功名な配置を考えた。大名配置の地図から考えよう。

S：徳川という親藩を各地に配置している。

S：松平も多くない？

S：信頼できる大名を各地に点在させたんだ。

S：江戸のまわりを固めるために譜代を配置している。

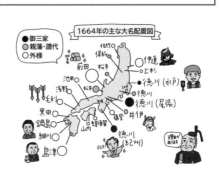

S：力のある外様を遠くに配置している。

S：島津，前田，伊達だね。

S：熊本の細川も。　　S：元内閣総理大臣だったね。

S：遠くだと参勤交代でお金を使うから大変。

S：教科書には，32万石の鳥取の池田家からだと21泊で1957両と書いてある。

＊各地に親藩である徳川や松平を配置し，江戸の周りを譜代で固め，巧みに
　　支配した。

❸　御三家の役割

　　徳川御三家の尾張・紀伊・水戸を確認する。

😊 考えよう

　　　なぜ，水戸に徳川御三家の一つが配置されたのか？

S：江戸に近いから，いざというときに助け舟を出せる。

T：北方に注目してくれるかな。

S：関東地方の中では最も東北地方に近い。

T：東北，当時は奥羽だが，どんな大名がいるかな。

S：伊達氏。

S：56万石の伊達氏は要注意だ。

T：東北諸藩の反乱を抑える位置に配置されたわけだね。

😊 考えよう

　　　だんだん難しくなるよ。尾張の徳川家はどうかな。

S：西の守り？　　　S：でも紀州もいるから。

S：中国，九州地方には外様大名が多い。

S：これだけ多いと紀州と尾張で守らないといけない。

T：守勢も大事だけど交通という点から考えてくれるかな？

S：東海道の街道の真ん中にある。

T：つまり交通の要衝だね。また，尾張は農業も発達し，昔から徳川家との
　　関係が強かった。

S：なるほど！　陸上交通の要衝と西国大名から守る拠点か！

考えよう

> さらに難しくなるよ。紀州についてはどうだろう？

S：確か，吉宗は紀州藩出身じゃなかったかな？

T：その通り！　御三家の中から将軍を輩出したのは，紀州の8代将軍吉宗と15代将軍慶喜だけだね。

S：水戸黄門は天下の副将軍だ（笑）

S：みかんが多くとれるからしか考えられない。

T：紀州も交通から考えてください。

S：ええ！　わからない！　だって，今と移動手段が違うよ。

T：今は陸路や航空路が中心だからね。

S：ってことは船？

T：当時の経済の中心はどこだった？

S：大坂？

S：わかった！　大坂と江戸を結ぶ海路が和歌山なんだ。

T：また，朝廷と縁が深い伊勢神宮，高野山や熊野三山など昔から権威がある地域を確実に掌握するためだよ。

4 授業のふり返りと探究・対話のポイント

　徳川御三家は最初から尾張・紀州・水戸だったわけではない。他藩との軍事戦略の問題である地政学から，そして，陸路，海路という地理学の観点から配置された。

【参考文献】

・小和田哲男監修『カラー版　地形と地理でわかる日本史の謎』（宝島社）2022年

幕府の変遷から時代を大観する

1 100万人が受けたくなる！　ウソ・ホント？　授業のねらい

　古代における都の変遷を含め，中世から近世における鎌倉，室町，江戸時代の幕府の設置にもそれぞれ時代背景がある。背景には，当時の時代様相や勢力関係，そして地理的条件も関係している。本稿では，鎌倉，京都，江戸と変遷する幕府の場所から時代を大観する。

2 学びを深める！　教材研究の切り口

　小和田哲男監修『カラー版　地形と地理でわかる日本史の謎』(宝島社)は，古代から現代までの歴史事象を，おもに地理的条件から分析する書籍である。本書を参考に幕府変遷の理由を考察する。

3 対話を引き出す！　探究的な授業展開プラン

❶　なぜ頼朝は鎌倉に幕府を開いたのか？

　源頼朝は1192年鎌倉幕府を開く。鎌倉は，辺鄙な土地で，漁民や農民以外住もうとしなかったと言われている。ただ，北・東・西の三方を標高50～100mの山や丘に囲まれ，しかも麓には谷や急な坂が入り組んでいる。また，南は海に面していて由比ヶ浜という海岸が広がっている。

> 😃 **考えよう**
>
> 　なぜ，ここに幕府を開いたのか？

S：伊豆に流されていたから，近くの鎌倉では？

T：それなら小田原でもよかったのでは？

S：山や丘に囲まれているってことは敵から守れる。

S：しかも，南が海なら攻めにくい。

T：由比ヶ浜は，今は海水浴で賑わい，遠浅の海が広がっています。

S：船で攻めてきても上陸しにくいや。

S：海の真ん中で船を降りて攻めなくちゃ。

S：攻めてきた敵を弓矢で攻撃すれば打撃を与えることができる。

S：急な坂は城壁みたいなものだ。

T：つまり鎌倉そのものが城なんだね。

＊鎌倉は防護には優れていたが狭い。三方を山に囲まれ，鶴岡八幡宮から由比ヶ浜までは２㎞しかなかった。頼朝は直接的な軍事力はなく，各兵士はそれぞれの御家人に属していた。土地を仲立ちとした封建制度の時代で，疑心暗鬼が渦巻く鎌倉時代に，狭い場所は，御家人を監視するのに適していたのである。

❷ なぜ室町幕府は京都なのか？

😊 考えよう

　　1336年，足利尊氏は，南北朝内乱の時代，なぜ鎌倉ではなく京都に幕府を開いたのか？

S：鎌倉幕府を滅亡させた張本人でそれだけはしたくない。

S：鎌倉には源氏に仕えた御家人がいるから。

S：それって仲間ってこと？

S：仲間もいればいつ敵になるかもしれない。

T：そんな心配なことがあるのに，なぜ京都なのだろう。

S：朝廷が気になるのでは？

T：この時期は南北朝時代だから，吉野に南朝，京都に北朝が置かれたよね。

どちらの方が気になるかな？

S：南朝では？

S：鎌倉に幕府を置くと，南朝の後醍醐天皇を監視できない。

T：南朝の勢力が京都を攻めれば，たいへんだよね。

S：でもいつ反乱を起こすかわからない鎌倉はどうなるの？

T：最初は子どもの義詮を鎌倉殿にしましたが，後に関東10ヵ国を統治する
　鎌倉府が置かれます。

＊足利尊氏は京都に幕府を開いたのは，南朝方勢力が京都に入り，北朝方の
　天皇が廃位されると，尊氏は後ろ盾を失うからだ。つまり，南朝との関係
　というネガティブな理由による。それならば，南北朝を統一した義満の時
　代に鎌倉に幕府を移転させればいいわけだが，金閣寺の造営はじめ，京都
　文化や商業の発達した都から離れられなかったというのが真相だろう。

❸　なぜ徳川家康は江戸に幕府を開いたのか？

グループ討議

　これまで鎌倉幕府と室町幕府が置かれた場所から，その時代の様子
をみてきたが，次はグループで，家康が江戸幕府を開いた理由につい
て考えよう。

S：家康が江戸に住んでいたとか？

S：江戸って海に近いから港があるのでは？

S：大坂，鎌倉にも港はあるよ。

S：鎌倉時代は疑心暗鬼の時代だから，防御と御家人対策だったよね。

S：室町時代は，南朝との関係だった。

S：ってことは家康は豊臣家との関係では？

S：関ヶ原の戦いで勝利したとはいえ，1603年には豊臣の勢力は強い。

S：1615年の大坂夏の陣で豊臣氏が滅ぶまでのことだね。

S：子どもの秀頼はまだ生きてる。

S：江戸に幕府を置くとヤバくない？

S：豊臣が大坂なら京都あたりで幕府を置く方が監視できるのでは？

S：豊臣氏に大坂など関西は任せるからよろしくって感じでは？

＊家康が江戸に幕府を開いたのは，大坂を豊臣家が隠然と支配していたからである。つまり「関東は徳川，関西は豊臣」という，東西を分けて治める考えからである。しかし，豊臣氏への監視は行った。このことから築城されたのが交通の要衝にある「彦根城」と「名古屋城」である。

4 授業のふり返りと探究・対話のポイント

　鎌倉時代は，将軍と御家人が「御恩」と「奉公」の関係で結びついた「土地」を仲立ちとする，ある意味，危うい関係の時代である。各兵士はそれぞれの御家人に属し，疑心暗鬼が渦巻く時代に，御家人を監視するのに適していた鎌倉に幕府を置いた。

　足利尊氏は京都に幕府を開いたのは，南朝がまだ脅威だった時代背景がある。また室町時代は，山名氏をはじめとする有力守護大名との連合政権であり，商業や文化の発達した京都に幕府を置いた方が得策と考えたのだろう。

　徳川家康が江戸に幕府を開いたのは，大坂を豊臣家が隠然と支配していたからである。その後は，親藩，譜代，外様大名を巧妙に配置し260年の長い統治を行う。「幕府」の置かれた場所から時代を大観するのもおもしろい。

【参考文献】

・小和田哲男監修『カラー版　地形と地理でわかる日本史の謎』（宝島社）2022年

なぜイタリアで産業革命が
起こらなかったか？

1 100万人が受けたくなる！　ウソ・ホント？　授業のねらい

　香辛料貿易で隆盛を極め，ルネサンスが起こり，ヨーロッパの先進地帯であったイタリアがなぜ凋落したのか？　その後，大航海時代にスペインやポルトガルが隆盛，そして，オランダ，イギリスの時代へと変化する要因は何か？　本稿では，イタリアをはじめとする地中海地域で，なぜ産業革命が起こらなかったのか？　そのワケを地理的な観点から紐解く。

2 学びを深める！　教材研究の切り口

　玉木俊明『先生も知らない世界史』は，"先生も知らない"というキャッチコピーにあるように，痒いところに手が届くメッセージが満載である。特に「時期」「推移」や「比較」にかかわる記述は，目から鱗の内容であり，「なぜ疑問」から内容を「深める」題材が多い。本稿では「なぜ，イタリアで産業革命が起こらなかったのか？」を軸にした授業事例を紹介する。

3 対話を引き出す！　探究的な授業展開プラン

❶ イタリア・スペインの隆盛からオランダ・イギリスへ

💬 グループ討議

　次は，ヨーロッパのイタリア，スペイン，ポルトガル，オランダ，そしてイギリスの年表である。この流れから気づいたことをあげよう。

14世紀　イタリアでルネサンスが起こる

1479年　スペイン王国成立

1492年　コロンブスがアメリカ大陸到達（スペインの援助）

1498年　バスコ＝ダ＝ガマがインド航路発見（ポルトガル人）

1510年　ポルトガルがゴア占領

1522年　マゼランの世界一周（スペイン人）

1532年　ポルトガルがブラジル占領

1555年　スペインがインカ帝国征服

1588年　スペイン無敵艦隊がイギリスに敗れる

1600年　イギリス，東インド会社設立

1639年　オランダ海軍スペインに勝利

1642年　イギリス清教徒革命

1652年　第一次イギリス，オランダ戦争

1648年　ウェストファリア条約（30年戦争終結　スイス，オランダの独立）

1688年　イギリス名誉革命

1733年　イギリス，ジョン＝ケイ　飛び杼を発明（～産業革命）

S：イタリアはルネサンスの中心で，今に残る文学や美術などが生まれた。

S：ヴェネツィアやフィレンツェなどの都市が栄えた。

S：そんなイタリアがなぜ力をなくしたか知りたい。

S：その後はスペインの時代が続いている。

S：南アメリカ大陸に進出して，インカ帝国を滅ぼし，金や銀を手に入れた。

S：ポルトガルもブラジルを領有している。

S：イタリアからスペイン，ポルトガルの時代になったんだ。

S：それは新航路の発見が影響してそう。

S：スペイン，ポルトガルは新航路を開拓し海運や植民地をつくることで力をつけてきた。

S：スペインはイギリスに負けてから力が落ちている。

S：オランダ・イギリスの時代になるんだ。

S：イギリスの清教徒・名誉革命もその要因では。

S：自由とか平等ってみんな元気になり産業も発展する。

＊スペインの南アメリカへの進出により，大量の金銀がヨーロッパに持ち込まれ，金銀の量が多くなりお金の価値が下がる。金銀は貨幣にも使用されていたから，物価も上がる。イタリアは商業や銀行業が多く，打撃を受けた。また，大西洋航路，インド航路の開発でアジア貿易の中心も地中海から離れていく。

❷　イギリス，オランダの隆盛

😊 考えよう

　　なぜ，地中海諸国は衰退し，イギリスで産業革命が起こり，オランダなどの北ヨーロッパ諸国が力をもってきたのか？

S：スペイン無敵艦隊がイギリスに敗北したのが大きいのでは。

S：産業革命は？

T：イギリスで産業革命が起こったワケについて考えよう。

S：産業革命は石炭がなければできなかった。

T：イギリスでは石炭が多く産出されました。

　地図帳で炭田を探す。

S：でもデンマークやノルウェー，オランダには石炭はない。

T：石炭ではないエネルギーは？

S：石油。　　S：それは現在。　　S：木炭。

T：森と湖と言われるくらい木材が多く産出されるね。

S：機械を動かすエネルギーがポイントか……。

T：石炭と木炭が当時の２大エネルギーでした。石炭はイギリスで多く産出され，ヨーロッパ諸国に輸出されました。一方バルト海地方は，人口はあまり多くなく，石炭を使用する必要もなかったのです。

　スペイン，ポルトガルと肩を並べ，つぎに凌ぐ力をつけてきたのがオランダである。17世紀半ばのオランダの船舶数は，ヨーロッパ全体の3分の2を占めていた。これだけの船舶をつくれたのは，贅沢な森林資源があったからである。また，北海，バルト海という外洋とのつながりもその要因といえよう。イギリスやノルウェーをはじめとする北欧は，エネルギーとしての「石炭」「木材」が豊富にあり「産業革命」を可能にした。地中海という「位置」と，石炭，木材という「場所」，そして，アジア，南アメリカとの「空間的相互依存作用」などの地理的条件からヨーロッパ諸国の隆盛と衰退を考察できる。

【参考文献】

・玉木俊明『先生も知らない世界史』（日本経済新聞出版）2016年

徴兵令はなぜ制定されたのか？

1 100万人が受けたくなる！　ウソ・ホント？　授業のねらい

　明治新政府は，欧米諸国に劣らない強い国をつくるための一つの政策として徴兵令を制定した。また，この政策は，幕藩体制によりバラバラであった国民を統合し「国民国家」をつくることがねらいであったことを理解する。

2 学びを深める！　教材研究の切り口

　明治維新の重要政策の一つである1873年の徴兵令。何ら疑問もなく富国強兵政策の一貫として教えてきた。しかし，考えてみると，明治維新により仕事をなくした士族を軍隊に組み込むか，民兵として兵を公募することも可能であった。徴兵令反対一揆も起こり，いろいろな困難が想定されるにもかかわらず，なぜ「徴兵令」を制定したのか？　こんな疑問からはじまった教材研究である。

3 対話を引き出す！　探究的な授業展開プラン

❶ 徴兵制度が実施されれば？

ペアワーク

　日本には徴兵制度はないが，韓国や台湾ではある。芸能界でも話題になっている。日本で徴兵制度が実施されたらどうなのか？　賛成・反対それぞれに分かれ，ペアになり議論しよう。

賛成『　　』／反対「　　」

「えええ！　そんなの絶対イヤ！」

『イヤって言っても制度化すれば訓練に参加しなきゃ』

「憲法違反だ！　日本は戦争はしない」

『自衛のためなら軍隊をもってもいいのでは』

『厳しい軍隊なら意外と定着するかも』

「徴兵なんてすると，まわりの国にも警戒される」

『他国の動きによっては徴兵制度を制定し，日本を守る気概をもたなきゃ』

　いくつかのグループに賛否両論を発表させる。

＊海外の事例を紹介する。現在60ヵ国以上の国が徴兵制度を取り入れている。
　しかしながら世界最大の軍事国であるアメリカでは徴兵制度を採用してい
　ない。これまで，徴兵制度は世界的に廃止に向かっていたが，スウェーデ
　ンおよびフランスは2018年に徴兵制度を再開した。

❷　「徴兵免役心得」と徴兵令反対一揆

　1873年，日本では徴兵令が制定され，満20歳になっ
た男子を徴兵した。徴兵令には，官士，官立学校生徒，
戸主，代人料納入者などの兵役を免除する広範囲な免
役条項が存在していた。

〈指示〉

　全員起立。今から，徴兵を免役されるケースを言うので，該当して
いる人は着席しよう。

＊「20歳未満の人」はすべて該当するので今回は除外する。

○身長が155cm未満の人，女の人

　→女子は「やった！」と歓声。155cm以下の男子も数名で喜んでいる。

○身体が弱くて当分治りそうもないか，体に障害のある人

　→数名が「俺だ！」と言いながら勝手に着席する。教師から「君は該当しない」と起立させる。

○公務員

　→「先生は座ります」

○一人っ子，または，一人の孫

　→10名程度が着席

○後継ぎ

　→「そんなのわからない」の声。

○徴兵の代わりに270円を納めた人（当時の農民の約20年間の収入にあたる）

＊以下，略すが，起立しているのは数名のみ。

　国内の支配体制が整い，対外戦争の準備が日程にあがり，大量の兵員を確保する必要が生まれてくると，これらの免役条項は，再三の改正によって制限され，1889年には徴兵令の抜本的改正が行われる。

＊徴兵に対して，「徴兵，懲役一字の違い，腰にサーベル　鉄鎖」と言われた。西日本を中心に，徴兵反対一揆が16件起こった。

❸　なぜ徴兵令が制定されたか？

😊 **グループ討議**

　　1873年に徴兵令を制定したことにつき，賛否に分かれて議論しよう。

　賛成『　　』／反対「　　」

『戦争があたりまえの時代だったから当然では？』

「戦うのが得意な武士が明治になって仕事がなくて困っているのでは？」

「江戸幕府のように武士でよかったのでは？」

『江戸時代は，平和な時代だったから，ほとんど武力を行使していない』

『江戸時代の武士は，各藩に属しているから国全体のことを考えていない』

「平民を徴兵するより士族のほうがいいのでは」

『富国強兵で，これから戦争も考えていた日本にとっては必要だった』

「徴兵令がなければ，その後の戦争はなかったかも」

『日清戦争でヤル気がなくなり敗戦していたのでは』

「それでいいじゃない！　歴史が変わっていたかも」

『徴兵制って，悪い面もあるけど，日本人ということでまとまったのでは？』

『確かに！　いままでは藩ごとにバラバラだったのが一つになれたのでは？』

「そのために，多くの命が亡くなったという代償は大きい」

＊維新は，兵制を古代の制度へと戻す一大変革であった。また，国民統合の
　方法としては，国民の参政権を介して国民を代表させる帝国議会があった。
　一方で，徴兵の義務を介して国民が兵となる軍隊という場があった。

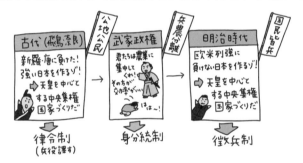

4 授業のふり返りと探究・対話のポイント

　現在の目線（シンパシー）と当時の目線（エンパシー）の両側面から「徴
兵制度」について考えさせた。現在の視点からだと多くは「反対」だが，明
治初期の国際情勢や日本から考えると多面的・多角的に考察する力が育つ。

【参考文献】

・奥泉光，加藤陽子『この国の戦争』（河出新書）2022年

「治水の恩人」デ・レーケ

1 100万人が受けたくなる！　ウソ・ホント？　授業のねらい

　ヨハネス・デ・レーケという明治初期の「お雇い外国人」をご存知だろうか？　私の故郷である京都府木津川市を流れる不動川源流にある「砂防歴史公園」の一角にデ・レーケの銅像がある。2022年2月に訪れたが，道路工事の方や池で釣り人3人と出会っただけである。本稿では，デ・レーケが行った治水事業が日本に与えた功績について考えたい。

2 学びを深める！　教材研究の切り口

　JR京都線木津駅から国道24号線を木津川沿いに10分程度クルマで走ると木津川と不動川の分岐点がある。河川沿いの道は春になると桜が咲きほこる景観の素晴らしい道である。天井川である不動川には堤防が築か
れ，道路の左側には住宅が密集している。住民はこの堤防によって守られていることがわかる。

　蛇足だが，堤防に桜並木が多いのは，梅雨による豪雨や洪水対策として，堤防を築き，3〜4月の花見の時期に，その土を踏み固めるために植樹したとされている。木津川との分岐点から約5分程度クルマを走らせると対向車が通れない細い道が続き，不動川の上流にあるデ・レーケの銅像に到着する。さて，このデ・レーケってどんな人なのだろうか？

❶ 日本の川の特色と災害

💡発問

> 日本の河川の特色は？

S：流れが急で短い。

T：日本でいちばん長い河川は？

S：信濃川。

T：367kmだね。アマゾン川など世界の大河は緩やかだが，日本の川は急流
　　が多い。

　　グループで地図帳を使い，急流の河川を探す。「富士川」「木曽川」などが
多い。

T：富山県を流れる「常願寺川」は全長56kmのうち何kmが山間部を流れる
　　か？

S：20km。　　S：30km。

T：38kmで日本一の急流です。

😊考えよう

> 短く急流という特色からどんな災害が起こりやすいか？

S：台風や豪雨の時に洪水が起こる。

T：水量が増えるとどうなるかな？

S：土砂が流れる。

T：江戸末期1858年，常願寺川は，マグニチュード6.8の大地震により上流
　　の山が崩壊し土石流で140人の死者，9000人近い負傷者が出ました。

S：土砂が流れるとたいへんなんだ。

S：土砂が海まで運ばれると河口の港にも影響が出るのでは？

T：淀川は土砂が多量に流れ，水深が浅くなり，入港する外国船は，1868年

に89隻だったのが1年ごとに21隻，11隻と急減しました。

S：へっ！　そんなに！

T：土砂が大量に流出するのは他にも原因があります。

S：山の土が関係しているのかな。　　S：川が山の土を流す。

T：森林伐採により土が剥き出しになりました。

S：ハゲ山だ。

T：通常は，生い茂った木が根を張ることで，雨が降っても，土をその場に留めることができるのですが……。

S：人間によってバランスが崩れたんだ。

❷　デ・レーケと不動川の治水工事

　明治期の日本は，幅が狭く坂の多い道，小径，山道，獣道はあっても道路と言えるものはなかった。小さな船が通る港はあっても大型蒸気船用の港湾もなかった。乱伐された山林からの洪水は，扇状地に流れ出て多量の土砂を堆積させた。いったん洪水が起こると氾濫し耕作地や家屋に被害を与えた。

😀 グループ討議

　こんな状態では貿易や交通もままならない。さて，君たちが土木技師だったとしてどう対処する？

S：川を分流する。　　　S：河川をつくって海まで流すってこと？

S：大和川の付け替えみたいな……。

S：分けると水量も少なくなるってことか？

S：堤防をつくり洪水から守る。

S：これはいいね。　　S：大量の土砂はどうする？

S：土が流れるのをせき止めれば？　　　S：防砂ダムだね。

S：植林も有効では？　　S：いいね。

S：分流，堤防，防砂ダム，植林かな。

　それぞれのグループに発表させる。

＊明治初期，治水工事を行ったのはオランダ人のデ・レーケで，写真が木津川の支流不動川にある銅像である。

😊 **考えよう**

　　どうして，オランダ人が選ばれたのか？

＊淀川は琵琶湖から瀬戸川，京都府の宇治川となり桂川・木津川と合流し大阪湾に流れる。その木津川の源流が不動川である。

S：先生だ！（笑）

T：山奥まで取材に行きました。

S：なんか似てる！　　S：オランダも洪水に悩んでいたとか？

S：国土の4分の1が干拓地って習った。

T：堤防がなかったらほとんどが沈んでしまう国なんだ。

S：江戸時代から仲がよかったからかな？

T：干拓地が多く，堤防をつくる技術が優れた国だったからだ。

S：日本に来たのは，何人くらい？

T：オランダ人は，10人です。

S：不動川で何をしたの？

T：砂防ダムをつくりました。それがこの写真です（右の写真を提示）。

S：これが砂防ダムか。

T：1874年，不動川の源流を視察し，その上流の相合川に我が国最初の高さ11mの石積み砂防ダムを設計します。

S：それによって大阪湾に流れる土砂の量が減るんだ。

S：でもそれくらいで港が使えるようになるの？

T：水を集めることで水流を強め，土砂を留めることなく，海深くへ押し流す工事の設計もしました。その範囲はどれくらいだと思う？

S：5㎞くらい？

T：大阪の天満橋から京都の観月橋までの約40㎞です。

S：へっ！　大阪港が今，船で賑わっているのはデ・レーケのおかげなんだ。

❸　木曽三川の治水工事

デ・レーケは1873年（31歳）より，オランダからの「お雇い外国人」として滞在し，30年間で約20の河川の治水工事にかかわっている。

😀 グループ討議

その中でも有名なのは木曽川，長良川，揖斐川だ。地図帳からどのような問題があり，どんな治水工事をしたのか考えよう。

S：木曽川ってどこが源流かな？

S：地図帳でたどると木曽山脈あたりかな？　　S：3000m級の山々だ。

S：しかも，濃尾平野では3つの川が入り組んでる。

S：このあたりは輪中って言って洪水が多いと小学校で習った。

S：石垣で家を囲んでいた記憶がある。

S：これだけ河口で入り組んでいたら，一つの川が氾濫すると他の川にも影響する。

＊デ・レーケは，3つの川が入り乱れた場所に，背割堤（川と川を分断する堤防）を設け，川を完全に分断し，洪水被害を減少させることに貢献した。

4 授業のふり返りと探究・対話のポイント

　私は木津川（不動川）近辺の農村地帯で誕生した。小学校時代は水泳場，中高校時代は陸上競技の練習を兼ね，木津川の風を感じながら堤防を走った。両親は，木津川を望む墓地で静かに眠っている。今回の取材は，私の思い出とデ・レーケの業績とが交差するものだった。

　だが，デ・レーケを知る人はほとんどいない。明治維新以来わずか100年あまりで日本が世界の経済大国と肩をならべるほど成長したのは，安心して利用できる国土とインフラをはじめとする公共施設があったからである。その中で蓄積されてきた「資源」を有効に使うこと，他国にその技術を伝授することがデ・レーケへの"恩送り"になるだろう。

　1880年4月7日デ・レーケから松方内務卿への手紙の一部を紹介する。「私たちを取り囲んでいるこれらの荒廃した山々は，いずれ美しい樹木で覆われ，緑いっぱいになることでしょう。現在，下流の平野部に大変なトラブルをもたらしている，ここに見られるような破壊，破滅は決して自然にそうなったのではありません。人間のなせる業なのです。（中略）子孫への配慮を一切することなしに山々を濫用してきたのであります」と。この言葉を，現代の私たちへのメッセージと捉えたい。

【参考文献】

・上林好之『日本の川を甦らせた技師デ・レイケ』（草思社）1999年

なぜ被差別部落は貧しくなったのか？

1 100万人が受けたくなる！　ウソ・ホント？　授業のねらい

　解放令によって法的には解放された被差別部落の「貧困」と「差別」が拡大された要因について「解放令の問題点」「松方デフレ」「町村合併」「米騒動」から多面的・多角的に考察する。

2 学びを深める！　教材研究の切り口

　『続・100万人が受けたい「中学歴史」ウソ・ホント？授業』の、「21　被差別民の生活は苦しかったか？」の項で、被差別部落の人口増加のワケを多様な職業から分析した授業を紹介した。農業が専業の農民は天変地異に大きな影響を受けるが、被差別部落の人たちの皮革産業や死牛馬の処理などの生業は比較的安定し、相対的に生活は「豊か」であったことを紹介した。本稿では、近代になり「なぜ生活が貧しくなったのか？」を解放令以降の歴史から考える。

3 対話を引き出す！　探究的な授業展開プラン

❶　1871年　解放令（賤称廃止令）

　江戸時代には、差別を受けていた「えた」「ひにん」という人々がいたが、多様な仕事もあり、農民と比較すると、相対的に生活が安定していたことを確認する。

> 1871年に，いわゆる「解放令」が出て「えた」「ひにん」は平民身
> 分になった。以下はその現代訳だ。なぜ，こんな布告を出したのか考
> えよう。

〈太政官布告（1871年） 現代語訳〉

「差別されていた人たちへの呼び方が廃止されたので，これからは身分・
職業ともに平民と同様であるべきこと！」

S：明治になって新しい世の中になったから。

S：開国したから外国にもいい国だと思ってほしかったから。

T：明治維新を円滑に進める上で身分差別から解放する方がいいと考えた。
　明治維新のその後の政策との関連からはどうかな？

S：その後って，1873年の徴兵令かな？

S：身分を形だけでも同じにして徴兵する。

T：なるほど！　他に1873年の政策は？

S：地租改正かな？

S：地価の３％の税金を取るって教科書に書いてある。

T：地租改正によって統一的な税金の制度をつくる必要があったからだね。

＊「解放令」を実質を伴ったものにするために，被差別部落の人々は，伊勢
　神宮に参拝して身を清めたり，皮革業などの仕事をやめたり，服装や生活
　習慣を"改善"する等の努力を強いられた。

＊解放令反対一揆も各地で発生する。これまで身分制度によって自分たちと
　隔絶した存在であった被差別部落の人々のみが，あたかも地位を向上させ，
　自分たちと同じ存在になりつつあると映ったのである。

❷ 解放令により貧しくなった被差別部落

> 身分的に平民身分になったのはいいが，貧困は拡大した。なぜ，貧しくなったのだろう。

S：ええ！　平等になったら生活もよくなるのでは？

S：皮革業などの仕事がなくなるからでは？

S：なるほど，靴やベルトづくりを他の人もするようになるよね。

S：精肉とかも。　　S：独占できなくなったんだ。

S：日雇いとか，その日暮らしの生活になっちゃうよね。

＊被差別部落の人々は，安定的な雇用も差別によって閉ざされており，多くは日雇い・雑業などと称される不安定な仕事に就くことを余儀なくされ，失業や半失業状態がきわめて増えたのが特徴だ。女性や子どもがマッチ工場に働きに出たり，子守り奉公に行ったり，家で草履を編むなどしていた。

＊これまでの特権的な仕事がなくなり，主要な関係からも排除された。つまり，人々の差別意識は変わらず，就職における差別が行われた。戦後においても，被差別部落が行っていた仕事は資本主義の中に包摂されていく。

❸ 1881年　松方デフレとコレラの発症

　被差別部落の貧困がさらに加速したのは，1881年からの松方正義によるデフレ政策による深刻な不況である。重税を納められない農民が没落し都市部へ流入するか，小作人化する事態となった。被差別部落と都市部ではますます不安定就労が増え，農村部では土地の所有面積が急減し，貧窮化が進む。

> 　貧窮化が進む状況に対して，次のように報道する新聞もあった。
> （　ア　）（　イ　）に当てはまる言葉を考えよう。

「貧者の巣窟（そうくつ）」などと呼称。「（　ア　）なる風習」「頑固」など，あたかも

特異な性質をもっているかのように描いたり，「（　イ　）を製造している」
疑いがあるとの報道もあった。

S：イは麻薬。　　S：いや爆弾じゃない？

S：アは不潔かな？　　S：怠惰？

　答え：ア　野蛮／イ　爆弾

＊幕末の開国を機に1856年，77年，79年と流行した急性伝染病でコレラが発
　症したときには，「不潔」な場所としてあたかもそこが発生の温床である
　かのような報道も行われた。そういう意味では「差別」を助長・拡大した
　マスコミの責任も重い。

❹　1888年　町村合併と被差別部落

　1888年市制・町村制が制定され，江戸時代以来の村を合併し，より大規模
な町村がつくられていった。一つの町村は300戸以上になったが例外があっ
た。それは，被差別部落との合併を拒む町村が出ることでのトラブルを避け
るためである。

> 😊 **考えよう**
>
> 　1888年，町村合併が行われるが，人々の間に被差別部落に対する差
> 別意識があるとどんな問題が起こるか考えよう。

S：被差別部落とは合併したくない？

S：お金がないから，合併すると多くのお金を負担しないといけない。

T：つまり被差別部落の人たちは多くの税金を納められないからかな？

S：税金だけではなく，合併はイヤってこともあったのでは？

T：そうなると，被差別部落同士の合併や，合併しない村も出てくるね。

S：被差別部落同士だとさらに貧困が拡大するのでは？

T：被差別部落だけの町村がいくつか誕生すると，学校や福祉など，どうい
　う状態になるか？

S：税が不十分で，十分な教育が受けられない。

T：児童を収容もできず，各クラスに一人の正教員すら確保できない。また，福祉関係のケアが充実しない事態になるわけだね。

＊食肉業がさかんであった大阪のある被差別部落は裕福な地域で，隣村の税負担の大半は部落の側が負担した事実もある。

❺ 「暴民」像の形成と米騒動

　1918年8月，政府が1917年のロシア革命の進行を阻止するために，イギリス・アメリカ・フランスとともにシベリア出兵を決定したことから，それに伴う米価の値上がりを見込んだ米の買い占めや売り惜しみを行い米価が高騰した。経済的な困窮に加えて，米が市中に出回らず入手困難なときに，差別による米の売り惜しみが行われた。米騒動では，関西を中心に，少なくとも22府県116町村で参加したことが明らかになっている。

> **？ クイズ**
>
> 　被差別部落の人口は2％だったが，米騒動での検挙率は何％か？

　「5」「7」％が多いが中には「30」％も。答えは10.8％であった。被差別部落民衆の参加人数が多いことや，特定して検挙されたとも想像できる。

＊米騒動の渦中，新聞にも「特種部落民」「特種民」「新平民」といった呼称が飛び交った。ある雑誌では，被差別部落の人々は「日本国民中の退化種であり，奴隷種であり，壊血種であり，犯罪種族である」と主張する論文も登場した。

❻ 差別を拡大したのは？

> **👥 グループ討議**
>
> 　1871年で法的には差別がなくなったにもかかわらず，差別が拡大した。要因は何か？　考えよう。

S：解放令によって仕事がなくなり，貧しくなったのが根本的な要因。

S：町村合併でお金のない村同士の合併は行政サービスが難しい。

S：マスコミが差別を煽った。

S：明治政府が形だけの解放令を出したのがダメ。経済的な裏付けが必要。

4 授業のふり返りと探究・対話のポイント

　このような流れを経て「エタとしての誇りを」と，自らの出自をカミング
アウトすることと，差別を解消する一歩としての1922年全国水平社が，そし
て，同時に日本共産党や日本農民組合も結成される。自由民権家の中江兆民
の被差別部落に対する捉え方を紹介したい。1888年の『東雲新聞』において
以下のように書いている。

　自らを"渡辺村（大阪の被差別部落）大円居士（こし）"と称して，被差
別部落民の立場に置き，その地点から「平民」主義者が「貴族主義」を攻撃
しつつも差別を行うことを批判する。そして，最底辺で生きる「新民」こそ
が，「平民主義」に代わって変革の担い手たりうる。

【参考文献】

・黒川みどり『近代部落史』（平凡社）2011年

勝海舟は日清戦争に反対だったの？

1 100万人が受けたくなる！　ウソ・ホント？　授業のねらい

　日清戦争について，ビゴー「魚釣り遊び」や宣戦布告文等から，朝鮮半島をめぐる戦争であることを確認する。また，戦争への賛成論が多数を占める中，勝海舟が反対した理由について考察する。

2 学びを深める！　教材研究の切り口

　日清戦争は，近代日本最初の本格的な戦争である。要人含め国民もほぼ全員が賛意を示したとの認識をもっていた。日教組71次教育研究全国集会で，池上聡一先生の報告から，著名な勝海舟が反対していた事実を知り教材化した。

3 対話を引き出す！　探究的な授業展開プラン

❶ 「しゃもじ」と高校野球

　2019年夏の高校野球，広島商業高校の応援の様子を YouTube で視聴する。

😊 考えよう

　何を使って応援しているかな？

S：平たいモノだわ。　　S：ご飯をすくうときのしゃもじでは？

T：そうですね。広島県代表の応援にはよく使われています。また，広島カープの応援でもしゃもじが使われることがあります。なぜですか？

S：ちょっと，バットに似ているから。（「似てない」の声）

S：ご飯食べて元気に頑張れ！　って意味かな？

T：しゃもじで，ご飯をすくうことから「飯取る」つまり，「敵を召し取る」ということで「必勝祈願」などにも使われるようになりました。

S：どうして広島？

T：いい質問です。時代は日清戦争の頃に戻ります。中国（清）に勝利しようということに由来があります。

S：広島との関係がわからない。

T：1894年に日清戦争に向けて広島城に戦争に作戦本部が設置されました。

❷　日清戦争はなぜ起こったのか？

ビゴー「魚釣り遊び」の絵を示す。

> **😀 グループ討議**
>
> 　この絵から一つのストーリーをつくろう。それぞれの人物は絵の様子や教科書本文を読めばわかる。ヒントは以下のポイントだ。
>
> 【時は1890年頃／誰が／何をしている／魚は／しかし橋の上の】

S：左は日本だね。

S：でもちょんまげを結ってるから，かなりバカにされてない？

S：右は清。　S：この絵もなんか情けない風貌。　S：魚をとってる。

S：魚は？　S：朝鮮だわ。　S：一つの国が魚扱いってひどくない？

S：橋の上は？　S：イギリス？　S：ロシアでは。

S：この姿はなかなか強そう。

S：シベリア鉄道をつくり不凍港を求めていたって書いてあるよ。

〈このグループのストーリー〉

　当時，朝鮮の農民は，凶作や重い税金によって苦しんでいました。そこで，東学という宗教を信じる農民の反乱が起こりました。朝鮮は清に援軍を求めましたが，これによって朝鮮が清のものになってはいけないと，日本も軍隊

を送りました。この絵は，どちらが，魚（朝鮮）をとるかを表したものです。橋の上で様子をみているのはロシアです。ロシアは，この頃シベリア鉄道をつくり，朝鮮にも進出しようとしていました。

＊東学党の主張「われわれが正義をもって立ち上がったのは，人民を苦しみから救い，国を安定させようとするためである（略）」農民戦争の背景には，1876年の日朝修好条規が，朝鮮社会を混乱させ，朝鮮みずからの手による国内改革を困難にしていたことにも触れる。

❸　宣戦布告文から戦争のねらいを考える

🙂 **考えよう**

> 次は，日清戦争における，日本，清国側の「宣戦布告文」だ。気づいたことや疑問に思ったことを発表しよう。

〈日本〉

「朝鮮は独立国であるのに，清国は自分の属国だといって，内政に口出しし，朝鮮に兵を出し，平和を乱している。このため帝国の権益がおかされ，東洋の平和があやうくなったので，朕はやむをえず戦うが，国際法にそむかないかぎりで，全力をあげて戦え」

〈清国〉

「朝鮮が清国の属国であることは，二百年以来のことであるのに，日本は朝鮮を武力でおどかし，条約を守らず困ったものだ。清国は韓国民の苦しみを救うために出兵する」

S：属国についてですが，朝鮮が清の属国であったというのはおかしい。冊封だっけ？　ちょっと上下関係があった程度では？

S：朝鮮が中国のものになったら，日本にとっては脅威では？

S：どこかの植民地になっては，かなり困るよね。

T：そうなると，朝鮮が軍事利用されるケースもありうる。また，世界の列強は，中国に対して行ったような港を開港する等の経済的利益だけでなく，

直接統治，つまり植民地化するようになってきたからね。

S：他の国もヤバい。

S：「やむをえず」とか「苦しみを救うため」とか書いているけど，植民地にしようとしていたことは間違いない。

＊当時の首相，山県有朋は「日本のめざすところは，朝鮮を清国との宗属関係から切り離し，独立国として国際社会に立たせることであり，ヨーロッパ諸国が朝鮮を領有することがないようにする」（要約）と言っている。

❹ 戦争と国民

　日本は日清戦争に勝利する。1895年に下関条約が締結されるが，清に独立を認めさせ，リャオトン半島，台湾，ポンフー列島と，3億円の賠償金を得たことを確認する。

> 💡 **発問**
>
> 　日清戦争に対しては，多くの人々が賛成した。次の言葉は，ある人が言ったものだ。お札の肖像にもなった有名な人だが，誰だろう？

「日本では日清戦争など官民一致の勝利，愉快ともありがたいともいいようがない。命あればこそ，こんなことを見聞きするのだ。前に死んだ友達に見せてやりたいと毎度私は泣きました」

S：福沢諭吉？

S：「天は人の上に人をつくらず」と言った人だから，そんなことは言わないのでは？

T：福沢諭吉です。彼は「西洋文明こそが文明」とし，日清戦争は，文明国日本が，野蛮な清を教え導くための「正しい戦争」であると言っています。

S：国民は賛成だったの？　　　S：そりゃ，そうでは？

＊大阪の飲み屋では「おやおや，またわてにおちょこを。そない攻めなはんな。北京やおまへんで（略）」なんて，戦争をもじった言葉も使われた。

この戦争に反対している人がいる。次の誰か。

板垣退助／伊藤博文／大隈重信／勝海舟／新渡戸稲造

S：伊藤博文って総理大臣だからありえない。

S：板垣退助は自由民権運動の中心だから，ありうるけど。民権運動をしている人も賛成だったということだし。

S：大隈重信？　この人も立憲改進党をつくった人だから……よくわからない。

S：索引によると，勝海舟は1899年死去だから日清戦争の頃は健在なんだ。

S：江戸城の無血開城で維新に貢献した人だし，平和主義者でありうるかも。
　本グループは「勝海舟」。答えは「勝海舟」。

〈勝海舟の意見（1894年7月16日，勝海舟が明治政府に出した意見書の趣旨）〉

　日本は，朝鮮の独立を主張しているからには，武力を背景に朝鮮の内政へ干渉することは不当だ。（中略）そもそも清国は朝鮮の一揆（農民戦争）鎮圧のために求められてきた。日本は対抗して出兵したけれど名目は居留日本人の保護だった。その名目とは相いれない大軍を送り込み，あとから朝鮮の内政に干渉しようというのは筋が通らない。

4 授業のふり返りと探究・対話のポイント

　日清戦争に対しては，多くの政治家や国民も賛成だったが，西郷隆盛と江戸城の無血開城を実現し，江戸を大火から救った勝海舟が反対したことを紹介した。紙上討論などを踏まえ議論させると次のような意見が想定される。

〈勝海舟派〉

・清は朝鮮に派兵を要請されたが，日本は要請されてないのに出兵した。

・日本と清との戦争なのに，朝鮮が戦

場になっている。
・戦争後，列強は相次いで中国に進出し，鉄道敷設や鉱山開発などの権利を獲得し，日本がそれに加担している。
・日本が朝鮮の内政に干渉することは筋が通らない。

〈福沢諭吉派〉
・やらなかったらやられる帝国主義の時代で日本は時代の流れに乗っていた。
・朝鮮を支配下に入れておかないと，ロシアが朝鮮を占領すればたいへん。
・西洋に追いつけ，追い越せというのは当時の時代からして仕方なかった。

　西郷隆盛の「征韓論」は有名なところであるが，対立していたとされる大久保利通も「内政」を重視すべきだとの主張であり，けっして「征韓論」そのものに反対していたわけではない。鹿児島の士族民権も「日本国に正気がなくなると，外国にやられてしまうから，朝鮮であれ支那であれ相応な相手を選んで戦をはじめ，全国の英気を引き起こせ」と主張していた。つまり，政府も民権派も「内にデモクラシー，外に帝国主義」という原点では一致していた。

【参考文献】
・加藤陽子『戦争の日本近現代史』（講談社）2002年
・池上聡一「日清戦争をどう考えるか」（日教組71次教育研究全国集会報告）

二十一ヵ条要求のねらいは？

1 100万人が受けたくなる！　ウソ・ホント？　授業のねらい

　日本が第一次世界大戦にどのようにかかわったのかを多面的・多角的に考察する。中国に対する「二十一ヵ条要求」を軸に，日本の要求のねらいや，要求を実現することで，日本の国際社会での位置がどう変化したかを考えさせたい。

2 学びを深める！　教材研究の切り口

　「二十一ヵ条要求」については，これまでは，要求内容を提示し，日本の帝国主義的な動きについて学んできた。本授業では，国内外のさまざまな見解について調べてみた。吉野作造が「最小限の要求」，山縣有朋が「大失策」という見解を表明していたとは驚きであった。また，当時の国際情勢や日本と中国との関係から「どんな要求をするか」と"エンパシー"の観点から議論させた。ユーハイムからの「切り口」は，神戸市立大原中学校の乾正学（故人）氏の雑誌論文からヒントを得た。生前，いろいろお世話になったので，この場をかり，お礼を申し上げるとともに冥福をお祈りしたい。

3 対話を引き出す！　探究的な授業展開プラン

❶　ユーハイムの誕生

　ケーキなどの洋菓子で年間支出額の日本一は神戸市である。ユーハイムの洋菓子を持参する。

💡 発問

> 洋菓子を日本で最初につくったのは誰かな？　君たちも知っている
> 会社の名前だよ。

S：ルジャンドル。

S：へっ！　何？　それって東大阪の店じゃない？

S：たねや。

T：滋賀の有名なバームクーヘンの店だね。

S：ユーハイム。

T：正解です（ユーハイムの洋菓子を提示する）。なぜユーハイムって言う
　のだろう。

S：街の名前。　　S：人名では？

T：人名です。ドイツのユーハイムさんが，洋菓子を日本に伝えました。第
　一次世界大戦の頃です。

S：日本はドイツと戦っていたから？

S：ドイツに行って連れてきたとか？

T：日本が第一次世界大戦に参戦し中国で戦ったときの捕虜です。ドイツの
　拠点です。

S：教科書に山東省青島と書いてある。

T：ユーハイムは日本の山東出兵時に捕虜になり日本に連行された。

＊日本は第一次世界大戦でドイツの青島を攻撃し，ドイツ人捕虜を日本で収
　容した。徳島県の坂東俘虜収容所（坂東町は6000人ほどの人口）で，捕虜
　は，自主的・自律的な生活を許された。収容所は徐々にドイツの町のよう
　に組み直され，ボーリング場などもできた。坂東の人々との交流もはじま
　り，パンの製法を伝えたり，音楽講演会などが年に十数回行われ，「ドイ
　ツさん」と地域の人に呼ばれるほど親交が深まった。今やいたるところで
　開かれる『交響曲第9番　歓喜の歌』の日本初演奏も，坂東で行われた演
　奏だった。

❷ 対華二十一ヵ条要求

　日本は第一次世界大戦では，中国におけるドイツの拠点であった山東省の青島などを占領し，太平洋にあるドイツ領の南洋諸島も手に入れた。さらに日本は，1915年袁世凱がひきいる中華民国に二十一ヵ条要求をした。

😀 グループ討議

　教科書を閉じよう。1915年頃の日本の状況から考え，あなたなら，当時の中国に対してどんな要求をするか？　実際は二十一ヵ条にわたる要求をしている。

〈当時の状況〉

・イギリスをはじめとするヨーロッパ諸国と同様，国際上で一段と地位向上
・東アジア，ことに中国や満州での支配
・ドイツの根拠地を東洋から一掃
・今後，アメリカとの対立も想定されるので，アメリカの太平洋横断ルートを分断したい

S：え！　けっこう難しい。

S：ドイツの根拠地って？

S：先生に聞いてみよう。（「山東省」との返答）

S：日本にも近く，港があるから，軍港や貿易にも便利。

S：ここはほしいね。　　S：満州は？

S：小学校で習ったけど，日本人が多く住んでなかったかな？

S：それは，ずっと後では？

S：満州には鉄や石炭があるから，これからの戦争や工業にも役立つ。

S：大豆もとれるのでは。

S：満州を日本に譲ることでは？

S：そのような露骨なのは，イギリスやロシアが怒るのでは？

S：ヤワい感じでも日本が満州を支配できる要求では？

S：アメリカの太平洋横断ルートってのがよくわからない。

本グループは「山東省を日本の領土とする」「満州の鉱山や農業の開発」との回答。

　「二十一ヵ条要求」（略）を提示する。

💡 **発問**

　二十一ヵ条要求の一部を読み，自分たちが予想したこととの関連で思ったことを発表しよう。

S：「山東省のドイツ権益を日本が引き継ぐ」というのは納得。

S：この場所に軍事基地をつくると有効に働くと思う。

S：南満州に鉄道をもっていたんだ。

S：99年間延長するんだ。

T：鉄道の租借期間の延長は大きいよね。鉱山の開発や，戦争になったときに，兵士を運ぶことができる。ロシアに睨みを利かすことができるね。

S：鉱山の採掘権もまあ要求するかな。

S：政治・経済・軍事の顧問ってちょっとやりすぎでは？

T：ほぼ植民地の状態だよね。

　二十一ヵ条要求に対する国内外の反応を紹介し，若干の意見交換をする。難解な内容なので，少数に留める。吉野作造の意見については，驚きだったようだ。

◆元老　山縣有朋

　対中国関係について各国の状況を取り調べず，訳のわからぬ無用の箇条まで羅列して請求したのは大失策である。

◆石橋湛山　『東洋経済新報』

　青島獲得は恨みの念を中国人に抱かせ，欧米列強には危険視され，けっして東洋の平和を推進することはない。今回の政府当局の本意は，朝鮮同様，我が領土に併合することにある。

◆吉野作造　民本主義

　大体において最小限の要求であり，支那（中国）に対する帝国の将来の地

歩を進める上から見て，極めて適した内容である。

◆袁世凱大統領の声明

　突然我々に対して主権を侵害し，領土を奪い取る条項を突きつけた。人は皆これを，かつて日本が朝鮮に対して行った第一歩と同じことである。

◆イギリス外相

　（前略）中国政府には日本人が外国人顧問の顧問の過半数を占めようとしてると解釈されているそうである。（中略）イギリス世論は，鉄道建設の要求は日英同盟の条項に抵触すると見なしている。

❸　山東省（青島）と南洋諸島

　青島と南洋諸島を地図で確認。

😃 グループ討議

　　日本はドイツから地図にある「青島」と「南洋諸島」を手に入れた。この２つを手に入れたことにより戦略上，どんないいことがあるか？

S：青島は中国に戦争に行くときの拠点になる。

S：青島から北京まで鉄道が通じていて，人，もの，武器が運びやすい。

S：青島は不凍港を求めていたソ連に打撃を与える。

S：南洋諸島は？　　　S：魚が獲れる。

S：南洋諸島から東南アジアに近く，そこに進出できる。

S：太平洋の南洋諸島は戦争の基地として使いやすい。

＊日本は近い将来アメリカとの戦争を想定していた。そこで南洋諸島を手に入れた。基地にするという点からほしかった場所だ。青島は，港，鉄道の拠点で北京まで直接行ける。

　「二十一ヵ条要求に対する国内外の反応」について紹介したが，山県有朋，石橋湛山，吉野作造の意見の相違が際立っている。「どの意見に賛成するか」というグループ討議も可能であろう。吉野作造の意見は，民本主義の限界性が垣間見え興味深い。吉野作造は藩閥政治に対しては「封建時代に多年に養われたる思想と因習」として反対したが，民主主義についても「君主国日本にはふさわしくない」と反対している。「民本主義」とは一言で言えば，内に立憲主義，外に帝国主義という考えであり，天皇という君主制を維持しつつ民衆の利益や幸福を認める考えであろう。

【参考文献】

・加藤陽子『戦争の日本近現代史』（講談社）2002年

・『明解　歴史総合図説　シンフォニア』（帝国書院）2023年

・河原和之『100万人が受けたい「中学歴史」ウソ・ホント？授業』（明治図書）2012年

・河原和之『続・100万人が受けたい「中学歴史」ウソ・ホント？授業』（明治図書）2017年

第一次世界大戦とスペインかぜ

1 100万人が受けたくなる！　ウソ・ホント？　授業のねらい

　第一次世界大戦は，史上初の徹底的な総力戦である。第二次産業革命により重化学工業が発達したことによる戦車・航空機などの新兵器や，銃後で支える女性も戦争の一端を担った。その中で忘れられているのは，植民地の人々の戦争協力である。大戦中に広がったスペインかぜを通して，第一次世界大戦を別の側面から考察する。

2 学びを深める！　教材研究の切り口

　第一次世界大戦中，世界に広がったインフルエンザを「スペインかぜというのはなぜだろう？」そんな疑問からはじまった授業である。

3 対話を引き出す！　探究的な授業展開プラン

❶　第一次世界大戦のはじまり

オーストリア皇太子夫妻の写真を示す。

☺　考えよう

　　この2人はセルビアの青年プリンツィプによって暗殺された。これが第一次世界大戦のはじまりだ。この暗殺された場所に，この青年の名前がつけられた。ここはどこか？　ヒントは，漢字一文字だ。

S：家。　　S：山。　　S：川。　　S：橋。　　S：道。

元気な生徒を中心に口ぐちに言っている。正解は「橋」だ。

この橋のたもとにプリンツィプの「足型」が残されている。もちろん，反省的にこの悲惨な戦争を忘れないようにである。

＊第一次世界大戦の参加国を風刺した絵（略）を示し，それぞれどこの国かを考えさせる。オーストリア，ドイツ対イギリス，フランス　ロシア，日本，ベルギー，セルビア，モンテネグロの戦いであり，イタリアが中央にいることをクイズで学習する。10ヵ国もあるので，テンポよく解答する。イギリス，フランス，ロシアの三国協商に，日英同盟を締結した日本が結びつき，ドイツ，オーストリア，イタリアの三国同盟と対立していた。

❷　総力戦だった第一次世界大戦

> 😊 **考えよう**
>
> 　（４つの兵器の写真（略）。４枚目は空白）第一次世界大戦に製造された新兵器が４つある。それぞれ何か当てよう。

Ｓ：先生，４枚目がないよ。

Ｔ：目にみえないものです（笑）

Ｓ：１枚目は戦車だ。　　Ｓ：２枚目は潜水艦。　　Ｓ：３枚目は戦闘機。

Ｓ：４枚目って，目にみえない武器があるの？　　Ｓ：透明人間？（笑）

Ｔ：４枚目はドイツが発明した毒ガスだ。第二次世界大戦でもユダヤ人の虐殺に使われた。当時の戦闘機はおもに偵察用で，敵どうしが出会っても白旗を振って別れるケースも多かった。潜水艦は，ドイツが発明したが，これによりアメリカ船が沈没し，アメリカは連合国側につく。

＊新兵器が登場し総力戦であったために多くの死者を出したことを確認する。

❸　スペインかぜ

　スペインかぜは，1918年から1920年にかけ全世界的に大流行したＨ１Ｎ１亜型インフルエンザである。全世界で５億人が感染したとされ，世界人口の

およそ27％とされており，死亡者数は5000万〜1億人以上とされる。

？クイズ

　第一次世界大戦中に流行したスペインかぜの死亡者が最も多いのは
6大陸の中ではアジアである。〇か×か？

　圧倒的に「×」が多い。理由を聞く。

S：スペインかぜというくらいだからヨーロッパでは？

S：第一次世界大戦だから，ヨーロッパで流行が広がったのでは？

S：戦争中って栄養状態も悪いから抵抗力もなくなるもんね。

S：日本にも広がるよね。　　S：だって日本も参戦していたから。

T：いいところに気づきましたね，日本でも38万人以上が亡くなっています。

S：ヨーロッパはどれくらいですか？

T：さっそく答えを求めたね（笑）　ヨーロッパは……約230万人です。

S：少なくとも5000万人が死亡しているんだから，割合的に少ない！

S：えええ！　どこだろう？　　S：まさか……アジア？

T：国別ではインドが最も多く約1850万人です。

S：ええ！　第一次世界大戦とは関係ないのでは？

T：インドはどこの植民地だったかな？

S：イギリス。

S：まさか，イギリスの戦争に協力させられたんだ。

＊イギリスはインドから兵士約110万人，労働者は約40万人，エジプトから
　約50万人，アフリカ植民地から21万人を徴用し，フランスもアルジェリア
　とモロッコから約84万人，仏領インドシナから約15万人を連れ出した。ま
　たクーリー（苦力）と呼ばれた中国労働者約10万人を諸戦線で人夫として
　働かせた。

S：だからインドでの死亡者が多いんだ。　　S：アフリカは？

T：約238万人です。中国も400万〜950万人が亡くなったとされます。

S：スペインかぜってネーミングがおかしくない？

T：いいところに気づいたね。「スペインかぜ」というネーミングがついた
のは，スペインが第一次世界大戦では中立国だったからだね。

S：イギリスかぜ，ドイツかぜだと戦争当事国に悪い影響が出るからなんだ。

❹ スペインかぜが全世界に広がったワケ

😊💬 グループ討議

> スペインかぜが全世界に広がったのはなぜだろう。

S：戦争で密集したところで一緒に生活するから。

S：捕虜は最悪だわ。　　**S：**戦争によって他国に広がる。

S：兵隊さんが他国に戦争に行くからだね。

S：植民地の人たちも戦争に参加し働かされていたことにビックリ！

＊19世紀以来，蒸気船と蒸気機関車による海上と陸上の交通が発達し，ヒト
とモノの移動が促進されたこともスペインかぜ感染拡大の要因である。

4 授業のふり返りと探究・対話のポイント

　1億人と言われる死者を出したスペインかぜは「地域間移動」がキーワー
ドである。また，欧米植民地で多くの被害が出ていることを知るべきだ。世
界全体のさまざまな矛盾をアジアやアフリカ地域が背負わされる構造が存在
している。

【参考文献】

・河原和之『100万人が受けたい「中学歴史」ウソ・ホント？授業』（明治図書）2012年

・津野田興一『大人の学参　まるわかり世界史』（文藝春秋）2022年

・木谷勤『世界史リブレット　帝国主義と世界の一体化』（山川出版社）1997年

ガーナの NOGUCHI

1 100万人が受けたくなる！　ウソ・ホント？　授業のねらい

　千円札に描かれている野口英世に関係するガーナの研究所が，新型コロナ感染対策に貢献している事実から，過去において歴史上の人物が伝えたことが，現在にも脈々と受け継がれていることを知る。

2 学びを深める！　教材研究の切り口

　「感染症と闘う　NOGUCHI」という新聞記事が目にとまった。西アフリカガーナにある，日本の偉人，野口英世を掲げた研究所である。小学校では，野口英世を「歴史で学ぶべき42人」の１人として挙げている。野口が感染症と奮闘したガーナで設立された研究所が，現在も病原菌と闘っていることを知り，そのメッセージを子どもたちに伝えたいと考えた。

3 対話を引き出す！　探究的な授業展開プラン

❶　対コロナ最新技術

ペアワーク

> 　新型コロナ対策，次のことは，どこで行われている対策か？
> 　中国／日本／アフリカ／ヨーロッパ／アメリカ合衆国／オーストラリア

１：コロナ禍で困窮する国民に，政府が配る給付金の入金を知らせる通知が，
　　携帯に届く

2：地方の医療機関で採取した新型コロナ検査用の検体を首都にある「研究所」などに運ぶドローンを導入した

3：3Dプリンターなどを使った人工呼吸器を開発する動きが進んでいる

4：医療機関に患者の検温や薬の搬送ができるロボットを導入した

S：どうして国名と大陸名が入り混じっているのかな？

S：そのあたりがなんか怪しい。

S：1は携帯ということだから携帯先進国の中国では？

S：2は広い国，オーストラリアかな？

S：でもこの程度はどこでもできる。

S：人口呼吸器はアメリカかヨーロッパ？

S：ロボットはヨーロッパでは？

S：日本は該当なし。お金をもらう手続きでトラブっている。

〈ペアの回答〉

1：中国，2：アフリカ，3：アメリカ，4：ヨーロッパ

＊答えは，すべて「アフリカ」。「うそっ！」との声。

〈解説〉

1：ケニア　お金は携帯電話のショートメールを使った送金サービスのアカウントに入金される。

2：ガーナ　24時間体制で検体を受け入れ国内全体の約8割の検査を行う。ガーナは2020年7月17日時点で累計感染者は2万6125人に上るが死者は139人である。

3：セネガル　本格的実施は先だが，より安価で利用できる可能性がある。

4：ルワンダ　ロボットは，1分間で50〜150人の体調を確認でき，患者の異変を医師らに知らせることも可能である。

＊アフリカの"意外"な現実から導入することで認識が揺れる。

❷ ガーナの「NOGUCHI」

😊 考えよう

　　西アフリカのガーナに「NOGUCHI」という施設がある。何をしているところだろう。

S：野口って千円札の野口英世さんでは？

S：女子マラソンの野口さんもいるけど……。

S：アフリカで黄熱病を研究した人？

S：本人も黄熱病で亡くなったよね。

T：野口英世さんは1876年，明治のはじめに福島県で生まれました。１歳のとき，囲炉裏に落ち，左手に大やけどをしたことが，この人の人生に，よくも悪くも大きい影響を与えます。

S：ところで「NOGUCHI」って病院では？

T：首都アクラにある国立ガーナ大学健康科学部付属の野口記念医学研究所で，1979年に日本政府の ODA の一環として設立されました。

S：へっ！　いまだに野口英世さんの功績が残っているんだ。

T：入口には何と書かれているのだろう。

S：「ガーナのためにつくしてくれた医学者」とか？

T：「黄熱病から人類を救うために解決策を調査していた名高い日本の医学者」と書かれています。

S：いつ頃の話？

T：1927年，野口は黄熱病の研究のため，当時は英国の植民地だったガーナに渡りました。しかし，翌年の28年に黄熱病に感染し亡くなりました。

S：へっ！　わずか１年で……。

S：最初の問題２の研究所だね。

T：その通りです。新型コロナの流行が世界に飛び火しはじめたとき，ガーナ国内でそのウイルスを検出する能力がある場所はごく限られていましたが，ガーナで，最初に感染例を確認したのが，このセンターでした。

S：へっ！　野口さんのやったことが今も……。

T：研究所はガーナの検査の8割を担うだけではなく，周辺国であるシエラレオネ，リベリアなどのサンプル解析を行い，ウイルスの株の特定を援助しました。

＊エクアドルにも「野口英世通り」という名の通りがある。野口は中米のエクアドルに招かれた。当時，パナマ運河を掘るために働いていた労働者の中に黄熱病が多発したからだ。そして，野口は新しいワクチンを開発し，黄熱病患者は激減する。

4　授業のふり返りと探究・対話のポイント

　2022年5月以降，アフリカ全体での新型コロナ感染者数は急激に減り，多くのアフリカ諸国が徐々に新型コロナ前の生活へと戻りつつある。日本からも，マスクやPCR検査キットなどを研究所に提供した。だが，新型コロナを克服しても，アフリカでは，マラリア，エイズ，エボラ出血熱などさまざまな感染症がある。公衆衛生の課題もある。水と石鹸が使える手洗い設備が利用できない割合はナイジェリア（58％），マラウイ（91％），「エチオピア」（92％），である。日本のNPO法人「テラ・ルネッサンス」は90万人近い南スーダンの難民を受け入れているウガンダで活動している。子ども兵らに大工や洋裁などの職業訓練を行う。新型コロナ感染対策では，約6000ヵ所で手洗い器を設置。せっけんや食料を配布し，手洗いの仕方を伝えるチラシやポスターを配布した。マスクや手洗い器の台づくりを依頼し報酬を支払う。現在の課題解決のために野口英世の精神に学びたい。

【参考文献】

・『朝日新聞』2022年10月26日

・森口洋一「野口英世」河原和之編著『〈活用・探究力を鍛える〉「歴史人物42人＋α」穴埋めエピソードワーク』（明治図書）2009年

日中戦争が長引いたワケ

1 100万人が受けたくなる！　ウソ・ホント？　授業のねらい

　1937年の盧溝橋事件からはじまった日中戦争は，なぜ長引き，アメリカとの戦争へとつながっていったのか？　また，当時は「戦争」ではなく「事変」だった。そのワケを考えることから，日中戦争を「深読み」する。

2 学びを深める！　教材研究の切り口

　とにかく日中戦争は奇妙な戦争である。戦争のはじまりが「一発の銃声」というのもそうだが「8年間」という戦争の長さである。これだけ長いのに，「なぜ戦争ではなく『事変』なのか？」「なぜ長期間続いたのか？」その疑問から，日中戦争の本質を考えてみた。

3 対話を引き出す！　探究的な授業展開プラン

❶　奇妙な戦争

　1937年，北京郊外の盧溝橋ではじまった日中戦争は奇妙な形ではじまり，戦争ではなく事変として8年間も続いた。1937年7月7日，北京郊外の盧溝橋で軍事演習中に一発の銃声が聞こえた。軍隊長が「招集号令」をかけた。

考えよう

　さて，このすぐ後，どうなるのか。

S：招集した場所に中国が砲弾を飛ばしてきた。

S：招集したときに，全員そろっていなかった。

T：どちらも正解です。何人かな？

S：一人。

T：正解です。でも，その一人はすぐに帰ってきました。

S：トイレでも行ってたのかな？

T：真相はわかりません。しかし，これを，中国側からの攻撃と判断し，戦いがはじまりました。日中戦争当時は日華事変と称していました。

〈地図で確認〉

　日中戦争の拡大状況を確認するために，長江をさかのぼっていく。

＊「上海」→「南京」→「武漢」→「宜昌」（約1300km）日本がこの戦争に動員した兵士は，1937年の開始時で約97万人，1940年には約150万人。

❷　なぜ，戦争ではなく事変なのか？

😊 考えよう

　　８年間続き，これだけの兵力を投入しているのに，なぜ"日華事変"であって，"戦争"ではないのか？　ヒントは「アメリカ」だ。

S：アメリカとの関係？

S：戦争となると，アメリカが怒ってくるとか？

T：その反対です。アメリカは，国民を戦争に巻き込みたくないので，戦争が起こった場合は双方に協力しないという「中立法」（1935年）を制定しました。

〈中立法〉

　①兵器・軍用機材の輸出の禁止，②一般の物資・原材料の輸出制限，③金融上の取引制限などの措置をとる。

S：なるほど！　「戦争」と規定すると，中国は，弾薬や軍用機材を海外に

依存しているから困るんだ。

S：日本は③のお金に関することかな？　資金援助はほしいよね。

T：日本は，アメリカに軽工業品を輸出し，外貨を獲得し武器を購入していましたから，戦争と規定すると困ります。

S：中国は，日本の侵略に対するアメリカからの何らかの制裁を期待していたのかも。

T：いいね！　どう考えても日本に問題があるから，戦争と規定しなかったら援助してくれると考えるよね。

S：戦争と規定したほうがいいこともあるのかな？

T：宣戦布告すると，海上封鎖や中国への援助物資や中国が購入した軍需品を差し押さえることができ，戦争終結後に賠償金や土地の割譲が請求できる。

S：なるほど！　賠償金があるんだ。

❸　なぜ戦争が長引いたのか？

　両国とも戦争を長引かせたくはなかった。それは，日本の仮想敵国はソ連であり，中国を相手に軍事力を消耗したくなかったからである。中国は，国内事情があった。それは，共産党との本格的な軍事対立に向け軍事力を温存する必要があったからである。

😊 **考えよう**

　　日本も中国もこの戦争は早く終わらせたかったのに，なぜ，長引いたのか？　中国，日本，それぞれの状況から考えよう。

T：南京は陥落したが，その後は，蒋介石は首都を重慶に移し，徹底的に抗戦する。中国軍が強かったのはなぜか？

S：他国が中国に協力した。

T：協力って？

S：武器の援助。

T：どこの国かな？

S：アメリカ。　　　**S：**アメリカは中立では？　　　**S：**ソ連。

T：ソ連は中国の共産党を応援していました。意外と思いますが，ドイツか
らも武器を購入していました。他は？

S：教科書に抗日民族統一戦線って書いてある。

T：共産党と国民党が協力して日本と戦ったからだね。日本側の要因は？

S：日本は早く中国が降伏してほしいと思っていた。

T：中国には，イギリスをはじめいろいろな国の権益があり，長引くとよく
ないよね。でも陸軍は続けた。その理由は？

S：ここまでくれば中国を占領するまでやるっていう決意があった。

T：南京も陥落させたしね。国民はどうだったのだろう。

S：イケイケ！　だった。

S：南京陥落では提灯行列など熱狂的だった。

S：そうなると陸軍も後には引けない。

S：国民の熱狂も原因ってことか。

4 授業のふり返りと探究・対話のポイント

　「松井石根」は，南京事件の指揮官である。南京陥落のあと，松井は一部
の兵士によって掠奪行為が発生したと事件の報を聞き，「皇軍の名に拭いよ
うのない汚点をつけた」と嘆いたと言われているが，戦後，極東軍事裁判に
より処刑された。日本では，ほとんど知られない軍人であるが，中国では多
くの人たちが知っている軍人である。日本の戦争責任を理解しておくために
も知っておきたい軍人である。

【参考文献】

・井上寿一『教養としての「昭和史」集中講義』（SB クリエイティブ）2016年

・加藤陽子『NHK さかのぼり日本史②昭和　とめられなかった戦争』（NHK 出版）2011年

リットン調査団の提案を受け入れるべきだったか？

1 100万人が受けたくなる！　ウソ・ホント？　授業のねらい

　「歴史＝探究」であり「思考力，判断力，表現力等」を育成する教科であるにもかかわらず，「歴史＝暗記」というイメージはなかなか抜けきらない。歴史学習においては，多面的・多角的に事象を考察し，複数の立場や意見を踏まえ，公正に選択・判断し議論することが大切である。しかし，テストの内容に「知識・理解」を含み「資料活用」「探究問題」が軸にならないと授業は変わらない。本稿では，定期テストでの「論述課題」「紙上討論」から「議論」へと発展する事例を紹介する。

2 学びを深める！　教材研究の切り口

　加藤陽子氏の著書は，戦争を回避するターニングポイントを提示する内容が多い。過去における戦争において，どの時点でどのような外交努力をすればよかったかを考察する。

3 対話を引き出す！　探究的な授業展開プラン

❶　定期テストでの「論述問題」

　定期テストでは多様な意見が表明され，事象の意味や意義，推移，比較，相互の関連を問う200字程度の「論述課題」を事前通告で出題する（3年間で15回）。事前通告なので，事前に調べたり，取材することも可能である。

❷　紙上討論の有効性

　定期テストの回答（100〜200意見）から，多様で特徴的な意見を紹介し，数回の紙上討論を実施する。紙上討論は通常２週間から１ヵ月で実施するが，授業の冒頭10分程度を使い回答例を紹介し賛否の意見を書く。その後，特徴的なものを再提示し紙上討論を繰り返す（２〜４回）。

　紙上討論の有効性は，対面討論では，発言が紋切り調になり，論理的に展開できないことが多い。また「自分の意見を記すこと」「他人の意見を読み，コメントを受ける経験」（子安潤）が可能である。紙上討論で論点が明確になってきたところで対面討論を実施する。

❸　いつだったら戦争を回避できたか？　〜定期テストの回答例〜

1　富国強兵がまちがい（略）

2　ドイツの考え方を取り入れたのがまちがい

　岩倉使節団が欧米視察に行っており，ドイツを模範としたが，強国に囲まれながらも経済発展しているデンマークやベルギーなどの国々を模範とすべきだった。

3　日清戦争で勝って調子にのりすぎた

　日本は日清・日露戦争で勝って勢いづいたので，そのときに戦争のおかしさに気づいていればよかった。そうすれば，このような連続した戦争の時代はなかったと思う。

4　第一次世界大戦後に気づいていればよかった

　（略）ヨーロッパの国々は直接，被害をこうむったから，戦争の悲惨さに気づいていた。日本は，戦争ムードで負けることはないと思っていたから回避は無理かもしれない。

5　大恐慌を乗り切る策を考えるべきだ

　（略）日本は大恐慌の時点で，植民地をつくることで解決しようという方法ではなく，アメリカのようなニューディール政策で，不景気を乗り切るべきだった。

6 国際協調を無視して平和はない

（前略）リットン調査団の要求を部分的に受け入れ，日本がその決定にしたがっていれば，回避できたかもしれない。国際協調を無視して，平和な国を築くことは無理である。

7 軍部の横暴を止めるべきだった（略）

8 日中戦争の終わらせ方が大切だった（略）

9 ハルの要求をのむべきだった

アメリカのハルの要求はかなりはげしいものだったが，それを部分的にのめば回避は可能だった。確かに，中国からの撤退は屈辱的だが，満州国が認められれば可能だった。アメリカとの戦争はさけるのが妥当だった。

10 フランス領インドシナ侵略をやめるべきだった

資源を求めフランス領インドシナに侵攻したのがいけなかった。なぜなら，ここは欧米の植民地であり，火に油を注ぐようなものである。（後略）

11 アメリカへの真珠湾攻撃はやめるべきだった（略）

12 戦争の情報をきっちり伝えるべきだった

ミッドウェー海戦やサイパン島での敗北など，戦争の情報を正しく国民に伝えなかったことが，戦争を長引かせた，という意味では新聞をはじめとするマスコミの責任も大きい。だから，戦争の情報を正しく国民に伝えるかどうかが戦争回避のポイント。

13 空襲そして沖縄上陸で降伏すべきだった（略）

14 ドイツが降伏したときに日本も降伏すべきだった

原爆回避は少なくともできた。日本はドイツ頼みで戦争したわけだから，ドイツが降伏した時点で日本政府は負けることはわかっていたと思う。そこで降伏すれば原爆自体はどこかで使われていたが，少なくとも広島と長崎ではなかった。

❹ 2〜3回目の紙上討論の意見（一部）

1 〈全員へ反対〉資源がない国だからしかたなかった

日本には鉄鉱石や石油などの資源がないから，それを求めて満州へと進出していった。他の国は植民地があり資源が豊かなのだから，日本が発展するためには植民地を手に入れることは避けられない。戦争は悲惨だけど当時の日本はこの方法しかなかった。

2 〈反対〉日本が生き抜くためにはドイツしかなかった

デンマークやスイスなどは大国に囲まれて生き抜いてきたが，いろんな戦争を経験してきたヨーロッパ諸国と同じように考えることはできない。

3 〈賛成〉日露戦争で気づくべき

日清戦争もそうだが，日露戦争は勝てたけど，多くの死傷者を出し，戦後は増税して国民の生活は苦しかった。そんな状況をみて，戦争は百害あって一利なしと気づく人はいなかったのか！

4 〈賛成〉第一次世界大戦の時期に再考すべき

この戦争で日本はいい目をしすぎました。とくに，ひどい要求を出した中国への21ヵ条です。このようにいい目をみるから何回も戦争するのだと思います。

5 〈賛成〉恐慌に対する対処のまちがいが戦争につながった

日本が世界恐慌の影響をうけて満州に手を出したのが誤りだと思う。アメリカのように公共事業を起こして恐慌をのりきっていたら，それに続く戦争は起こっていなかったのではないかと思う。

6 〈反対〉満州は日本の生命線

満州国は他の国も認めていないが，満州はロシアとの関係など位置的にも重要な地点だ。

7 〈反対〉資源が必要な日本はしかたがなかった

リットン調査団を部分的に受け入れ，国際連盟を脱退していなければ戦争はなかったなんてことはない。不景気だった日本は，いろいろな国からの貿易がストップされれば，何としてでも資源を手に入れるために攻撃するのはしかたがないことだと思う。

8 〈反対〉強大な軍部の力の中で戦争は回避できない

　ハル大使との交渉が妥結したとしよう。果たして軍部は黙っていただろう
か。満州国を手放し，兵を撤退しようとしても軍部が反発してできなかった
と思う。たとえできたとしても，政府が操作できない軍部が再度暴走し，い
ずれ戦争となっていったであろう。

❺　リットン調査団の提案を受け入れるべきか？

　「リットン調査団報告を，日本は受け入れるべきだったか？」の対面によ
る討論を紹介する。

　まず，リットン調査団報告の概略を紹介する。

①満州事変は日本の自衛行為ではない

②民族自決によって満州国はつくられていない

③満州国における日本の利益の承認

④満州における政府は，中国の主権が認められるとともに，広範な自治が確
　保された形に改変される必要がある

S：やんわりと満州国を認めているんだ。

S：イギリスも植民地があり，満州国もしかたがないかと思っていたのでは。

S：でも，満鉄爆破は認めないってことも強調している。

S：満州国における日本の利益を承認するってことは，鉄道や鉱山なども認
　められるってことだ。

S："満州は日本の生命線" だと言ってたけど，なぜ，そんなに必要だった
　の？

S：大豆や鉄などがあるからでは？

S：満州を工業化しようとしていたのは。

T：石原莞爾という軍人が満州を工業化して日米決戦に備えるって言ってる
　ね。一方で石橋湛山は，満州放棄論を展開しています。実際の貿易額から
　考えると，満州より中国本土を相手に貿易したほうが利益があるという考
　えです。

S：でも，「これまでの苦労はどうなる？」って感じだから受け入れるのは無理。

S：これまでの苦労ってどんなこと？

S：日露戦争での多くの死者が出て，ロシアに勝ったのに放棄しろはキツイ。

S：重税で苦しい思いをしたのに，ここで満州から撤退したら国民の反発もある。

T：満州すべては無理でも，鉄道や鉱山などは認めてくれるよう交渉すれば？

S：なるほど！　いきなり，国際連盟の脱退はどうかなって感じだわ。

S：国際連盟の脱退は世界からの孤立だからダメ。

T：ヨーロッパ諸国は，満州を日本に任せておけばロシアへの対抗上，好都合ということもありました。

S：国々の思惑があるから，交渉すれば，中国との本格的な戦争はなかった。

4 授業のふり返りと探究・対話のポイント

　リットンは，日本訪問中，国際連盟の事務局長であった新渡戸稲造にも会っている。「太平洋の架け橋になりたい」と言い，連盟では文化を通じて世界の協調に奮闘した人物である。また，リットンは犬養毅とも会っている。犬養は満州国が建国されたとき，日本政府としては承認するつもりはないと言い，軍部の怒りを買い，五・一五事件で暗殺されている。リットンは，このような日本の現状にも通じていたので，厳しい提案をしないよう配慮した面もあったようである。

【参考文献】

・加藤陽子『戦争まで』（朝日出版社）2016年

・奥泉光，加藤陽子『この国の戦争』（河出新書）2022年

なぜ「命」をかけて
「特攻」を行ったのだろう

1 100万人が受けたくなる！　ウソ・ホント？　授業のねらい

　太平洋戦争末期，戦局悪化の中，「命」をかけて，敵艦に体当たりしていった特攻の背景を考える。戦争色の強い国定教科書をはじめ絵本，雑誌などの「教育」，戦況について正確な情報を知らせず，逆に国民の戦意を高める「マスコミ」，戦争批判や反対はもちろん，言論の自由を弾圧する「特高（国からの圧力）」，"ぜいたくは敵だ"をはじめ，戦争への疑問を呈すると"非国民"とされる「世間（同調圧力）」等から特攻について考える。

2 学びを深める！　教材研究の切り口

　10数年前，鹿児島県知覧を訪れた。訪れたのは言うまでもなく「特攻」基地である。「知覧特攻平和会館」に入館すると，大きい部屋の周り一面に，犠牲者の顔写真が掲げられている。その一人一人にそれぞれの人生がある。すべて20歳前後の若者である。恋人がいた人もいるだろう。みんなが将来の夢を描いていただろう。おそらく両親に向けて"聞こえない声"をかけて出撃していったのだろうと……。5人の若者が子犬を抱いている写真がある。みんな笑っている。でも……この5人は2時間後に出撃していく……。自分が"死ぬ"日がわかっている。こんな気持ちで出撃していった若者たちを，どう教材化すればいいのか？　ずっと考えてきた。

3 対話を引き出す！ 探究的な授業展開プラン

❶ 死んでもらいます

🔦 **発問**

「6月15日にあなたに死んでもらいます」
と国から言われたらどうするか？

S：何それ？　　S：なんで死なないといけないのかと怒りまくる。

S：逃亡だわ。　　S：おまえが死ねという。　　S：町中の建物に投石。

T：怒り爆発って感じですね。大切な命を国により抹殺されるって許せませんよね。でも，過去において日本では国から命を奪うという命令があったことがありました。

S：戦争中？

S：戦争中でも「死んでもらいます」とは言わない。

S：先生！　日付も指定されているのですか？

T：○月○日に死んでもらうという命令です。

S：特攻隊では？

T：太平洋戦争での，神風特別攻撃隊と言われる作戦です。重さ250kgの爆弾を装着した戦闘機で敵に艦隊に体当たりする攻撃で，パイロットは必ず"死ぬ"ことがほとんど必須条件の作戦でした。

S：死ぬ日が決められてるんだ。

S：どれくらいの方が亡くなったのですか？

T：3948名と言われています。10代から20代の若者が多いです。鹿児島知覧の特攻記念館に行くと，亡くなった方の遺影がかざられています。

　「特攻隊」を"自分事"として考えるよう工夫することが必須だ。知覧特攻平和会館にかざられている遺影の写真をみせてもいい。

❷ 子犬を抱いた少年兵

📷 **フォトランゲージ**

　　この写真の４人の少年兵に話しかけよう。

　順次，指名していく。
「あなた方は何歳ですか？」『子犬を抱いている僕は17歳です』
「他の人は？」『18歳です』「特攻隊の方ですか？」
『そうです。鹿児島県万世飛行場で出撃を待っています』
「怖くないですか？」
『怖くてしかたがありません。日本の国のためです。僕が突撃することで，
戦況が好転するかもしれません』
「でも笑ってますね」
『……』
「すみません。へんな質問をして。鉢巻には何と書かれていますか？」
『"必勝"という文字です』
「マフラーがステキですね」
『色は白なのです。首からぶら下げているのは飛行時計です』
「聞きにくいのですが，どこで特攻をされるのですか？」

『沖縄に押し寄せている米艦隊を撃滅する予定です』

「沖縄戦ですね」

『本土決戦を阻止するために僕たちは特攻を決行します』

「いつ行かれるのですか？」

『今から２時間後です……』

　　特攻出撃を間近に控えての笑顔。彼らは何を語り，伝えようとしていたのか？　生徒の心の声を聞く。発表させる必要はない。

❸　特攻はいつからはじまったか？

ペアワーク

神風特攻隊は，いつからはじまったのか？　ＡからＥで選ぼう。

Ａ：第二次世界大戦（1939年９月）／Ｂ：真珠湾攻撃（1941年12月）

Ｃ：ミッドウェー海戦（1942年６月）／Ｄ：沖縄戦（1945年３月）

Ｅ：ポツダム宣言受諾（1945年８月）

S：ＡとＥはない。

S：ミッドウェー海戦の敗北で戦局が悪くなるって教科書に書いてある。

S：Ｃかな。

S：でも沖縄に米軍に上陸したので，それを阻止し，本土決戦にさせないためかもしれない。

S：Ｄの可能性もある。

S：教科書をみるとＤの時期にガダルカナル，サイパンで負けて撤退している。

S：学徒出陣も1944年あたりだからＤが正解だ。

T：1944年10月にフィリピン戦線で海軍が最初に出撃させました。1945年８月15日の夕方，18〜24歳の特攻隊員22人が，大分県の海軍航空基地から沖縄を目指して出撃したのが最後です。

特攻機約3300機のうち敵艦に到達したのは，どれくらいの割合か？

5割／3割／1割

＊約1割だったと言われている。

本議論を通して日米開戦以降の戦局を脈絡・文脈から再確認する。

❹　死ぬとわかっているのに……なぜ？

考えよう

死ぬとわかっているのに，なぜ出撃していったのだろう。

S：みんなが出撃していくのに自分だけ出撃しないわけにはいかない。

S：どこかの島に着陸すればいいのでは。　　S：非国民だ！

S：そんなことをして島から帰っても世間から冷たい目で見られるだけ。

S：自分だけではなく家族もそうなる。

S：特高から目をつけられるだけ。

T：つまり同調圧力だね。世の中がそんな雰囲気だったから，出撃せざるをえなかったってことだね。他は？

S：お国のために死ぬのが素晴らしいと教育されてきた。

T：教育の問題だね。

S：天皇のために死ねって教育された。

S：兵隊さんは死ぬときに"天皇バンザイ"って死んでいった。

T：1944年10月というのは，戦争末期だ。物量や兵力もアメリカが圧倒的に有利で勝利の可能性がない時期なのに無駄死にとは思わなかったのだろうか？

S：勝つと思わされていた。

S：新聞が全戦全勝って報道していた。

T：マスコミが本当のことを報道しなかったってことかな。

4 授業のふり返りと探究・対話のポイント

　ある特攻隊員の言葉を紹介する。「自分が死んで勝つものならと，死を志した。しかし，特攻隊は出撃したらもう帰って来ない。果たして死ねるだろうか」。この言葉にその苦悩がわかる。また，"国のため"というのに従わず，非国民の汚名を着せられるのと，自分の死のどちらをとるかと言われると，結局死より汚名のほうを恐れたのではないだろうか。そして，当時の若者は，自己実現を図ろうとすれば，国家という「公」の中でこそ「自分が生きる場所」つまり「個」を追究できると考えたのだろう。

【参考文献】
・京都女子大学4回生（当時）重田鮎美さんの学習指導案
・安井俊夫『戦争と平和の学びかた』（明石書店）2008年

プラザ合意と日本経済

1 100万人が受けたくなる！　ウソ・ホント？　授業のねらい

　「プラザ合意」は，1985年，ニューヨークのプラザホテルで行われた会議である。たかが会議ではなく，この会議での合意が，その後の日本経済の "失われた30年" に影響を与えた。経済低迷がもたらした "事件" について学ぶ。

2 学びを深める！　教材研究の切り口

　公民の「経済単元」と関連する授業なので，あまり深入りすることなく，プラザ合意による円高からバブル経済への流れを，無理のないよう，イラストやクイズなどから学習する。

3 対話を引き出す！　探究的な授業展開プラン

❶ 1980年半ば　アメリカとの貿易摩擦

😊 考えよう

　次のイラストは，1980年半ばのアメリカの様子を表したものだ。何をしているのか？

S：自動車を壊している。
T：誰かな？

S：働いている人。　　S：ライバル会社が他の会社の自動車を壊している。

T：アメリカの自動車会社の労働者が日本車を叩き壊している。なぜか？

S：アメリカにとってはライバルだから。

S：日本車の性能がいいのでアメリカの自動車が売れない。

T：特にデトロイトなどの自動車の町は安くて性能のいい日本車によって打撃を受けました。

S：それで経営が苦しくなり壊している。

＊貿易摩擦の意味を解説し，対米では1960年代末から繊維，鉄鋼，カラーテレビ，80年代は自動車，半導体をめぐり貿易摩擦があったことを確認する。

❷　1985年9月　プラザ合意

『プラザ合意の「プラザ」とは「ホテル」で行われた合意のこと？』と問う。多くは「そうではない」との答え。このホテルで合意されたことが，その後の世界経済に大きい影響を与えたので，ホテル名が歴史経済的用語になった。

＊当時の新聞の一部を紹介する。

「五か国蔵相会議で合意」「ドル高修正へ協調強化」

「各国が努力目標，日本は内需拡大」

（『朝日新聞』（1985年9月24日夕刊））

😊 **考えよう**

　この新聞からプラザ合意により，どのように世界経済が変化したのかを考えよう。

T：“五か国” ってどこの国？

S：アメリカ，日本。

S：イギリス。　　S：ドイツ。

T：米，英，日本，そしてフランスと西ドイツです。この五か国がプラザホテルに集まり，貿易摩擦の解決策を話し合いました。

S：ドル高って？　　S：逆に日本が円安になる。

T：そうなると，輸出しやすくなります。

S：日本の自動車をはじめ電機製品などの輸出が増えるとアメリカは困る。

T：内需拡大って知っている？

S：日本での購入を増やすってことかな？

T：アメリカなど海外への輸出は控え，日本国内で需要を増やそうというこ
　とです。

＊以下の言葉を紹介する。

「日本は円安の恩恵をうけている」（クライスラー会長アイアコッカ）

「アメリカの国際競争力の回復には，25％程度のドルの切り下げ（円高）
が必要だ」（アメリカボルドリッジ商務長官）

❸　円高の進行

❓ クイズ

その後，円高が進行した。次に当てはまる数字を入れよう。

9月26日1ドル222円　　　10月1日215円　　　11月4日206円

1月24日（　ア　）円　　　2月10日188円　　　4月23日169円

7月15日（　イ　）円

答え：ア　196円／イ　159円

😊 考えよう

1年もたたないうちにで約70円の円高になった。円高で困るのはど
んな産業か。

S：輸出産業。　　S：自動車。　　S：電器関係。

T：つまり輸出関連企業は円高になると，製品が高くなり売れにくくなりま
　す。どうしますか？

S：倒産するとか……。　　S：海外に移転する。

T：そうですね！　日本の企業が海外へ進出することにより「産業の空洞
　　化」の事態が進行します。また，会社が倒産したりすることを防ぐために，
　　日本銀行はお金を借りやすくするよう金利（返済利率）を下げました。ど
　　うなりますか？
S：お金がいっぱい出回る。
S：そのお金，何に使うんだろう？
T：企業は，余ったお金で土地や株に投資しました。地価はどうなりますか。
S：地価は上がる。
T：株価も上がりますね。余ったお金で絵画などを購入する人もいました。
S：みんな値上がりするんだ。
T：地価や株価が短期間で異常に高くなり，実態以上に景気がよくなること
　　をバブルと言います。
＊日本銀行の役割や，円高，円安については既習事項ではないので，輸出，
　　輸入に対して，どんな影響が出るかという事実のみ紹介する。

4　授業のふり返りと探究・対話のポイント

　　次のような課題を考えさせる。「あなたは，1985年プラザ合意の頃に生き
ていますが，その後の未来を知っています。貧困に悩み，人生に迷っている
Ａさんに相談されました。1985年バブル期を想定し，どんなアドバイスをし
ますか？」回答例として「お金を借り，マンションを購入し，しばらくは大
変ですが，数年すればマンションの価格が上昇します」など。
　　その後，円高や海外生産が進み，日本の産業空洞化は加速化する。2004年
以降は，製造業での非正規労働が可能になり，低賃金化が進行していく。

【参考文献】
・岡本勉『1985年の無条件降伏』（光文社）2018年
・坂井豊貴編『年表とトピックでいまを読み解く　ニッポン戦後経済史』（NHK出版）2018年

歴史上の人物から最強の内閣をつくろう

1 100万人が受けたくなる！　ウソ・ホント？　授業のねらい

　歴史上の人物の功績等から，内閣総理大臣と11閣僚を任命する。その過程を通して，歴史上の人物の政策等を理解し，現在とのつながりを考える。

2 学びを深める！　教材研究の切り口

　2022年度，第72次兵庫県教育研究集会での伊丹市教職員組合，伊丹市立池尻小学校，山田洋一先生の報告「史上最高の内閣を作ろう」の実践事例を参考にした。本報告では，厚生労働大臣は「渋沢栄一」，農林水産大臣は「宮沢賢治」，デジタル大臣は「卑弥呼」が任命されている。単元は6年生の「政治単元」に位置づけられている。

3 対話を引き出す！　探究的な授業展開プラン

❶　内閣をつくる手順

　史上最高の内閣をつくる。流れは以下の通りである。

・総務省，法務省から防衛省まで11省の簡単な紹介をする
・歴史教科書の「人物さくいん」をみながら，候補者を上げる
・内閣総理大臣を決める
・11省の大臣としてふさわしい人物を，歴史上の業績をもとに任命する
・女性閣僚に必ず3名以上任命する。必ず，任命の根拠を明らかにする

❷ 内閣総理大臣を決めよう

グループ討議

歴史上の人物の業績や性格等から内閣総理大臣を選出しよう。個人で1名を選出し，グループで議論し決定しよう。

〈個人で選ばれた人物〉

幣原喜重郎／聖徳太子／北条政子／吉田松陰

S：聖徳太子は，役人が守らなければならない十七条憲法をつくり，遣隋使という外交も素晴らしい。

S：いいね！ 隋の皇帝とも対等に交渉した。

S：北条政子は女性だし，鎌倉の御家人に激を飛ばして上皇を島流しにした。

S：吉田松陰は，幕末の志士を育てた。

S：すごい人だけど安政の大獄で亡くなったからよくわからない。

S：幣原喜重郎って誰？

S：大阪の門真の小学校で地域の偉人として勉強した。

S：何をした人？

S：戦後すぐに内閣総理大臣になってるよ。

S：日本国憲法の制定にもかかわっている。

S：その人もいいかも。

S：でも，リーダーシップって点からだと北条政子がいい。

S：女性総理大臣もいいね。

本グループは「北条政子」クラスにおいても「北条政子」に決定した。

❸ 国務大臣を任命しよう

＊11グループに分かれ，国務大臣を任命する。

＊各グループで1～3名程度の候補を考え，討議を経て1名を決定する。

＊候補に挙がった人物は以下のようである。

総務省：紫式部／明智光秀／勝海舟

法務省：北条泰時／大岡忠相／福沢諭吉

外務省：小野妹子／足利義満／山田長政

財務省：徳川吉宗／坂本龍馬

文部科学省：井原西鶴／津田梅子／与謝野晶子

厚生労働省：山上憶良／行基／杉田玄白

農林水産省：宮沢賢治

経済産業省：渋沢栄一

国土交通省：松尾芭蕉／伊能忠敬

環境省：田中正造

防衛省：武田信玄／織田信長／東郷平八郎

❹ 〈事例 I〉外務大臣を任命しよう

😊 グループ討議

小野妹子，足利義満，山田長政を選んだ理由を交流し，ここから 1
人の外務大臣を任命しよう。

S：小野妹子は，隋へ使者として渡り，対等の立場で日本に戻ってきた。

S：足利義満は，日本でも頂点を極めただけでなく，明とも貿易をした。

S：山田長政は，東南アジアのタイで力をもったので外務大臣に適している。

S：足利義満に賛成。国内でも力があり，上手く外交をしそうだから。

S：でも本人は海外に行ったことはないのでは？

S：山田長政ってなんでタイにいたんだっけ？

S：確か，元は傭兵だったと聞いた。

S：ってことは力もある。

S：力よりも政治力だから義満。

本グループは「足利義満」。

グループ同士の討議を経て，クラスにおいては「小野妹子」に決定。

❺ 〈事例2〉厚生労働大臣を任命しよう

> **😊グループ討議**
>
> 　山上憶良，行基，杉田玄白を選んだ理由を交流し，ここから1人の厚生労働大臣を任命しよう。

S：山上憶良。万葉集に載っている山上憶良の句が気に入っているから。

S：行基。民衆のために，いろいろ取り組みを行い，大仏づくりに貢献した。

S：杉田玄白は医者だし国民の健康を守れる。

S：行基がいいと思う。　　S：近鉄奈良駅に銅像のある人だね。

S：みんなの信頼もある。

　本グループは「行基」。クラスにおいても「行基」に決定。

❻　他の事例の一部

法務省：北条泰時　御家人同士のトラブルが起こらないように御成敗式目をつくったから。

文部科学省：津田梅子　女子教育の推進に貢献し津田塾大学をつくった。

財務省：坂本龍馬　亀山社中をつくり武器を尊王攘夷派に販売し幕府を倒すのに貢献した。

防衛省：織田信長　圧倒的な軍事力で多くの戦国大名と戦った。

４ 授業のふり返りと探究・対話のポイント

　本稿においては歴史的分野で実践したが，公民的分野で扱うことも可能である。その場合は，「現代の情勢」を踏まえ，その対策や解決に適した人物を選定することが必要だ。

【参考文献】

・伊丹市立池尻小学校，山田洋一「史上最高の内閣を作ろう」2022年度，第72次兵庫県教育研究集会

おわりに

　筆者がもっとも大切にしていることは"学力差のない"授業である。これは筆者の原点である東大阪での"苦い"体験による。おもしろくない授業に対して「モノ申す」生徒がいっぱいいた。「机に伏す」「騒ぐ」「エスケープ」などいろいろな方法で抗議した。信頼のない教師がいくら注意しても，いっそう反発が広がるだけである。真面目に授業を受けようとする生徒も，不甲斐ない教師にうんざりである。けっして"怖く"ない筆者は，深夜に及ぶ教材研究で"凌ぐ"以外なかった。東大阪の"率直"な生徒と，筆者の"ヤワな性格"が生み出したのが"学力差のない"授業である。

　それが，2012年刊行の『100万人が受けたい「中学社会」ウソ・ホント？授業』シリーズ（明治図書）で結実した。本書は，大病の病室で執筆したことを「あとがき」に記した。その後，『続』『見方・考え方』『ワーク』と100万人シリーズを上梓した。そして，今回の『探究・対話』である。「知識」は，興味あることとの関係で習得すると，「ウソ？」「ホント！」と知的興奮とともに獲得できる。だが「探究」課題は，思考が連続するケースが多く，興味が「深い学び」へとつながる設定が不可欠だ。"学力差のない"授業は，SDGsの理念である「誰ひとり取り残さない」で周知のこととなった。またすべてが満たされた状態で，継続性のある幸福を意味する「ウェルビーイング」も一般的になった。こんな授業が広がることを願ってやまない。

　本書を企画していただいた明治図書出版の及川誠さんとは20年近くのお付き合いになった。増刷が決まると同時に次の企画が提示され，充実した日々を過ごさせていただいていることに感謝したい。また，校正，データ等を緻密に確認していただいた杉浦佐和子さんにも感謝している。この場を借りてお礼を申し上げたい。

2023年8月　河原和之

【著者紹介】

河原　和之（かわはら　かずゆき）
京都府木津町（現木津川市）生まれ。
関西学院大学社会学部卒。東大阪市の中学校に三十数年勤務。
東大阪市教育センター指導主事を経て，東大阪市立縄手中学校
退職。現在，立命館大学，大阪商業大学他，５校の非常勤講師。
授業のネタ研究会常任理事。
NHKわくわく授業「コンビニから社会をみる」出演。
月刊誌『社会科教育』で，「100万人が受けたい！　見方・考え
方を鍛える中学社会　大人もハマる最新授業ネタ」を連載。
【著書】
『100万人が受けたい！　見方・考え方を鍛える「中学社会」大
人もハマる授業ネタ』シリーズ（地理・歴史・公民），『続・
100万人が受けたい「中学社会」ウソ・ホント？授業』シリー
ズ（地理・歴史・公民），『スペシャリスト直伝！中学校社会科
授業成功の極意』，『100万人が受けたい「中学社会」ウソ・ホ
ント？授業』シリーズ（地理・歴史・公民）（以上，明治図書）
などがある。

イラスト：山本　松澤友里
1982年大阪府生まれ。広島大学教育学部卒。東大阪市立中学校
に５年勤務。『ダジャレで楽しむタイ語絵本』（TJブリッジタ
イ語教室）を制作。現在は奈良県内複数の小中学校にて勤務。

100万人が受けたい！　探究と対話を生む
「中学歴史」ウソ・ホント？授業

2023年９月初版第１刷刊　Ⓒ著　者　河　原　和　之
　　　　　　　　　発行者　藤　原　光　政
　　　　　　　　　発行所　明治図書出版株式会社
　　　　　　　　　　　　　http://www.meijitosho.co.jp
　　　　　　　　（企画）及川　誠（校正）杉浦佐和子
　　　　〒114-0023　東京都北区滝野川7-46-1
　　　　振替00160-5-151318　電話03(5907)6703
　　　　　　　　　ご注文窓口　電話03(5907)6668

＊検印省略　　　　　組版所　長野印刷商工株式会社

本書の無断コピーは，著作権・出版権にふれます。ご注意ください。

Printed in Japan　　　　ISBN978-4-18-265861-7
もれなくクーポンがもらえる！読者アンケートはこちらから

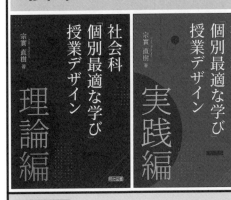